AF747506

www.ingramcontent.com/pod-product-compliance
Lightning Source LLC
LaVergne TN
LVHW082040051026
849532LV00011B/3419
9786140134270

ستيفن وولفرام
STEPHEN WOLFRAM

ماذا يفعل
ChatGPT
... ولماذا ينجح ذلك؟

ستيفن وولفرام
STEPHEN WOLFRAM

ماذا يفعل ChatGPT ... ولماذا ينجح ذلك؟

تعريب
أوليغ عوكي

مراجعة وتحرير
مركز التعريب والبرمجة

الدار العربية للعلوم ناشرون
Arab Scientific Publishers, Inc.

يتضمن هذا الكتاب ترجمة الأصل الإنكليزي

What Is ChatGPT Doing... and Why Does It Work?

حقوق الترجمة العربية مرخّص بها قانونيًا عبر

Wolfram Media, Inc.

Wolfram-media.com

بمقتضى الاتفاق الخطي الموقّع بينه وبين الدار العربية للعلوم ناشرون

Copyright © 2023 by Stephen Wolfram

All rights reserved

Arabic Copyright © 2023 by Arab Scientific Publishers

الطبعة الأولى: تشرين الأول/أكتوبر 2023 م - 1445 هـ

ردمك 978-614-01-3427-0

جميع الحقوق محفوظة للناشر:

الدار العربية للعلوم ناشرون
Arab Scientific Publishers, Inc.

إصدار

الدار العربية للعلوم ناشرون م م ح

مركز الأعمال، مدينة الشارقة للنشر

المنطقة الحرة، الشارقة

الإمارات العربية المتحدة

جوال: 585597200 971+ - داخلي: 0585597200

هاتف: 786233 - 785108 - 785107 (1-961+)

البريد الإلكتروني: asp@asp.com.lb

الموقع على شبكة الإنترنت: http://www.asp.com.lb

التوزيع في المملكة العربية السعودية

دار إقـــراء للنـــشـــر

يمنع نسخ أو استعمال أي جزء من هذا الكتاب بأية وسيلة تصويرية أو الكترونية أو ميكانيكية بما فيه التسجيل الفوتوغرافي والتسجيل على أشرطة أو أقراص مقروءة أو أية وسيلة نشر أخرى بما فيها حفظ المعلومات، واسترجاعها من دون إذن خطي من الناشر.

إن الآراء الواردة في هذا الكتاب لا تعبر بالضرورة عن رأي **الدار العربية للعلوم ناشرون**

facebook.com/ASPArabic twitter.com/ASPArabic www.aspbooks.com asparabic

تصميم الغلاف: **علي القهوجي**

المحتويات

مقدمة

هذا الكتاب القصير هو محاولة لشرح مبادئ الطريقة التي يعمل بها ChatGPT وسبب نجاح ذلك، لذا فهو قصة عن التكنولوجيا في بعض النواحي، لكنه قصة عن العلوم والفلسفة أيضاً. ولكي نروي القصة، علينا أن نجمع مجموعةً باهرةً من الأفكار والاكتشافات التي تمت على مرّ قرون عديدة.

أجد أنه من المشوِّق أن أرى الكثير من الأشياء التي أصبحتُ مهتماً بها منذ فترة طويلة جداً تتجمَّع معاً وتنبثق في لحظة تقدّمٍ عظيمٍ، من السلوك المعقّد للبرامج البسيطة إلى الشخصية الجوهرية للغة والمعنى، والجوانب العملية لأنظمة الكمبيوتر الكبيرة – كل هذه جزء من قصة ChatGPT.

يرتكز ChatGPT على مفهوم الشبكات العصبية – التي تم اختراعها في الأصل في أربعينات القرن العشرين كمحاولة لتقليد طريقة عمل دماغ الإنسان. لقد برمجتُ بنفسي شبكة عصبية لأول مرة سنة 1983 – ولم تفعل أي شيء مثير للاهتمام – لكن الوضع أصبح مختلفاً تماماً بعد 40 سنة، مع ظهور كمبيوترات تعمل بشكل أسرع من الماضي بمليون مرة، ومع توفّر مليارات صفحات النص على الويب، وبعد سلسلة كاملة من الابتكارات الهندسية. ولدهشة الجميع، أصبحت شبكةٌ عصبيةٌ أكبر بمليار مرة من تلك التي كانت لديّ سنة 1983 قادرةً على فعل ما كان يُعتقد أنه من مزايا الإنسان الفريدة بتوليد لغة بشرية ذات معنى.

يتألف هذا الكتاب من جزءين كتبتُهما بعد فترة وجيزة على ظهور ChatGPT. الجزء الأول هو شرح لـ ChatGPT وقدرته على مضاهاة الميزة البشرية بتوليد اللغة، بينما يتطلّع الجزء الثاني إلى أن يصبح ChatGPT قادراً على استخدام الأدوات الحسابيّة لتخطي ما يستطيع أن يفعله البشر، لا سيّما القدرة على الاستفادة من "القدرات الخارقة" للمعرفة الحسابيّة لنظام وولفرام | ألفا الخاص بنا.

لم تمرّ سوى ثلاثة أشهر على إطلاق ChatGPT، وقد بدأنا للتو بفهم آثاره العملية والفكرية على حد سواء، لكن وجوده في الوقت الحاضر يذكّرنا بأن المفاجآت لا تزال ممكنة حتى بعد كل ما تم اختراعه واكتشافه.

ستيفن وولفرام

28 فبراير 2023

ماذا يفعل ChatGPT... ولماذا ينجح ذلك؟

المسألة مجرد إضافة كلمة واحدة تلو الأخرى

إنه لأمر باهر وغير متوقَّع أن يستطيع ChatGPT أن يولِّد تلقائياً شيئاً يمكن قراءته حتى ظاهرياً مثل النصوص المكتوبة بشرياً، لكن كيف يفعل ذلك؟ ولماذا ينجح في ما يفعله؟ هدفي هنا هو أن أقدِّم لك مخططاً تقريبياً لما يجري داخل ChatGPT – ثم استكشاف سبب قدرته الجيدة جداً على إنتاج ما يمكن أن نعتبره نصاً ذا معنى. يجب أن أقول في البداية أنني سأركِّز على الإطار العام لما يجري – ورغم أنني سأذكر بعض التفاصيل الهندسية، إلا أنني لن أتعمّق فيها. (وجوهر ما سأقوله ينطبق على بقية "نماذج اللغات الكبيرة" [أو LLMs] الحالية مثلما ينطبق على ChatGPT).

أول شيء يجب توضيحه هو أن الأمر الأساسي الذي يحاول ChatGPT فعله دائماً هو إنتاج "تكملة معقولة" لأي نص توصَّل إليه حتى الآن، حيث نقصد بكلمة "معقولة" هو "ما قد تتوقَّع أن يكتبه أحدهم بعد رؤيته ما كتبه الناس على مليارات صفحات الويب، الخ".

لنفترض إذاً أن لدينا النص The best thing about AI is its ability to (أفضل شيء في الذكاء الاصطناعي هو قدرته على أن). تخيَّل نفسك تتفحَّص مليارات صفحات النص التي كتبها الناس (لنقل على الويب وفي الكتب الإلكترونية)، وتجد كل الحالات التي يظهر فيها هذا النص – ثم ترى ما هي الكلمة التي تأتي بعده وبأي نسبة من المرات. يقوم ChatGPT بشيء من هذا القبيل، ما عدا أنه (مثلما سأشرح) لا ينظر إلى النص الحَرفي، بل يبحث عن الأمور التي "تتطابق في المعنى" إلى حدّ ما، لكن النتيجة النهائية هي أنه يُنتِج لائحة مرتّبة بالكلمات التي يمكن أن تتبع نصك،

مع "احتمالاتها":

The best thing about AI is its ability to	learn	(يتعلّم)	4.5%
	predict	(يتوقّع)	3.5%
	make	(يجعل)	3.2%
	understand	(يفهم)	3.1%
	do	(يفعل)	2.9%

والشيء الملفت للنظر هو أنه عندما يفعل ChatGPT شيئاً مثل كتابة مقالٍ فإن ما يفعله في الأساس هو مجرد تكراره طرح السؤال "وفق النص حتى الآن، ماذا يجب أن تكون الكلمة التالية؟" – ثم يضيف كلمة كل مرة. (أي أنه بتعبير أدق، مثلما سأشرح، يضيف "تأشيرةً" يمكنها أن تكون مجرد جزء من كلمة، ولهذا السبب يستطيع أحياناً أن "يؤلّف كلمات جديدة").

حسناً، لكنه يحصل في كل خطوة على لائحة كلمات مع احتمالاتها، لذا أي كلمة عليه أن يختار في الواقع ليضيفها إلى المقال (أو أياً يكن) الذي يكتبه؟ قد يعتقد المرء أنها يجب أن تكون الكلمة "الأعلى رتبة" (أي التي تم تعيين أعلى "احتمال" لها)، لكن هذا هو المكان الذي تبدأ فيه بعض الشعوذة بالتسلّل إلى النص، لأنه لسبب من الأسباب – ربما سيتكوّن لدينا ذات يوم فهمٌ علميٌ لهذا – إذا اخترنا دائماً الكلمة الأعلى رتبة، سنحصل عادة على مقال "باهت" جداً لن يبدو أبداً أنه "يُظهر أي نوع من الإبداع" (وحتى يكرِّر نفس الكلمات أحياناً)، لكن إذا اخترنا أحياناً (وبشكل عشوائي) كلمات ذات رتبة أدنى، سنحصل على مقال "مثير للاهتمام أكثر".

إن حقيقة وجود عشوائيةٍ هنا تعني أنه إذا استخدمنا نفس نص الطلب عدة مرات، سنحصل على الأرجح على مقالات مختلفة كل مرة. وتماشياً مع فكرة الشعوذة، هناك بارامتر يدعى "الحرارة" يحدِّد عدد المرات التي ستُستخدَم فيها الكلمات التي لها رتبة أدنى، وقد تبيّن أن "الحرارة" 0.8 تبدو الأفضل لمسألة توليد المقالات. (يجدر التشديد على أنه لا يتم استخدام أي "نظريةٍ" هنا، بل المسألة مجرد

ما اتّضح أنه نافعٌ عملياً. على سبيل المثال، يلعب مفهوم "الحرارة" دوراً لأنه يصدف أنه يجري استخدام التوزيعات الأسيّة المألوفة من الفيزياء الإحصائية، لكن لا يوجد رابط "مادي" - على حد علمنا على الأقل).

قبل أن نكمل، يجب أن أوضح أنه بقصد عرض الموضوع بشكل أفضل، لن أستخدم النظام الكامل الموجود في ChatGPT في أغلب الأحيان، بل سأعمل عادة مع نظامٍ GPT-2 أبسط يتمتّع بميزة لطيفة هي أنه صغير كفاية ليكون قادراً على العمل على كمبيوتر مكتبي قياسي، وبالتالي لكل شيء سأعرضه في الأساس، سأتمكن من شمل شيفرة لغة وولفرام يمكنك تشغيلها على كمبيوترك فوراً.

مثلاً، إليك كيفية الحصول على جدول الاحتمالات المبيَّن أعلاه. أولاً، علينا استخراج الشبكة العصبية المصدر لـ "نموذج اللغة":

```
In[ ]:= model = NetModel[{"GPT2 Transformer Trained on WebText Data",
            "Task" → "LanguageModeling"}]

Out[ ]= NetChain[ Input port:   string
                  Output port:  class ]
```

سننظر إلى داخل هذه الشبكة العصبية ونتكلَّم عن كيفية عملها لاحقاً، لكن يمكننا في الوقت الحاضر مجرد تطبيق "نموذج الشبكة" هذا كصندوق أسود على نصنا حتى الآن، ونطلب الكلمات الخمس الأولى حسب الاحتمال الذي يقول النموذج أن عليه اتباعه:

```
In[ ]:= model["The best thing about AI is its ability to", {"TopProbabilities", 5}]
Out[ ]= {do → 0.0288508, understand → 0.0307805,
         make → 0.0319072, predict → 0.0349748, learn → 0.0445305}
```

هذا يأخذ تلك النتيجة ويحوّلها إلى "مجموعة بيانات" منسّقة بوضوح:

```
In[ ]:= Dataset[ReverseSort[Association[%]],
          ItemDisplayFunction → (PercentForm[#, 2] &)]
```

Out[ ]=

learn	4.5%
predict	3.5%
make	3.2%
understand	3.1%
do	2.9%

إليك ماذا يجري إذا كرّرنا "تطبيق النموذج" - مع قيامنا في كل خطوة بإضافة الكلمة ذات الاحتمال الأعلى (المحدَّدة في هذه الشيفرة على أنها "القرار" [Decision] من النموذج):

```
In[ ]:= NestList[StringJoin[#, model[#, "Decision"]] &,
          "The best thing about AI is its ability to", 7]

Out[ ]= {The best thing about AI is its ability to,
   The best thing about AI is its ability to learn,
   The best thing about AI is its ability to learn from,
   The best thing about AI is its ability to learn from experience,
   The best thing about AI is its ability to learn from experience.,
   The best thing about AI is its ability to learn from experience. It,
   The best thing about AI is its ability to learn from experience. It's,
   The best thing about AI is its ability to learn from experience. It's not}
```

ماذا يجري إذا استمرينا لفترة أطول؟ في هذه الحالة ("الحرارة صفر")، سرعان ما يصبح ما نحصل عليه مشوّشاً ومكرراً:

The best thing about AI is its ability to learn from experience.
It's not just a matter of learning from experience, it's learning from the world around you. The AI is a very good example of this. It's a very good example of how to use AI to improve your life. It's a very good example of how to use AI to improve your life. The AI is a very good example of how to use AI to improve your life. It's a very good example of how to use AI to

لكن ماذا لو بدلاً من اختيار الكلمة "الأعلى" دائماً، اخترنا أحياناً كلمات "غير عليا" عشوائياً (حيث تتوازى "العشوائية" مع "الحرارة" 0.8)؟ يمكننا مراكمة النص مرة أخرى:

{The best thing about AI is its ability to,
The best thing about AI is its ability to create,
The best thing about AI is its ability to create worlds,
The best thing about AI is its ability to create worlds that,
The best thing about AI is its ability to create worlds that are,
The best thing about AI is its ability to create worlds that are both,
The best thing about AI is its ability to create worlds that are both exciting,
The best thing about AI is its ability to create worlds that are both exciting,}

وكلما فعلنا هذا، سيتم اختيار خيارات عشوائية مختلفة، وسيصبح النص مختلفاً – كما في الأمثلة الخمسة التالية:

The best thing about AI is its ability to learn. I've always liked the

The best thing about AI is its ability to really come into your world and just

The best thing about AI is its ability to examine human behavior and the way it

The best thing about AI is its ability to do a great job of teaching us

The best thing about AI is its ability to create real tasks, but you can

تجدر الإشارة إلى أنه حتى في الخطوة الأولى، هناك الكثير من "الكلمات التالية" الممكنة للاختيار منها (عند الحرارة 0.8)، رغم أن احتمالاتها تتراجع بسرعة كبيرة (ونعم، الخط المستقيم في المخطط اللوغاريتمي الثنائي الأبعاد التالي يتناسب مع إضمحلال n^{-1} لـ "قانون الأس" الذي هو سمة مميّزة جداً للإحصائيات العامة للغة):

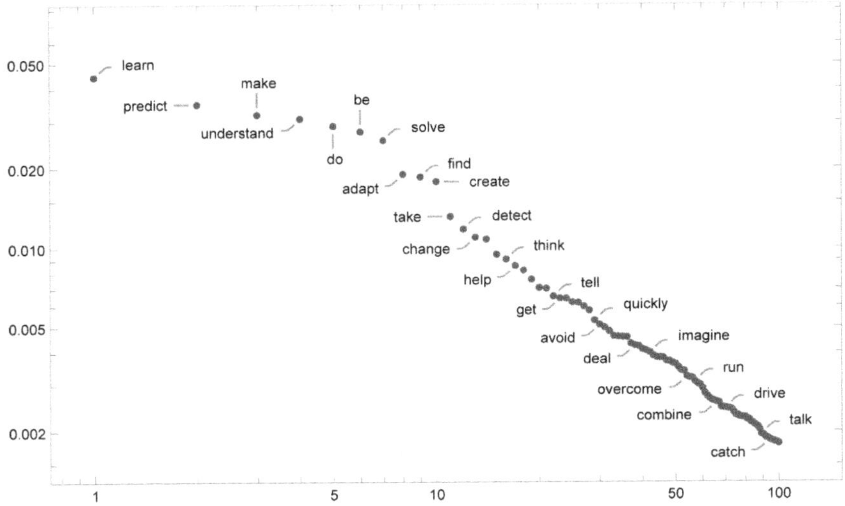

لذا ماذا يجري إذا استمرينا لفترة أطول؟ إليك مثالاً عشوائياً. إنه أفضل من حالة الكلمة العليا (الحرارة صفر)، لكنه لا يزال غريباً قليلاً في أفضل الأحوال:

The best thing about AI is its ability to see through, and make sense of, the world around us, rather than panicking and ignoring. This is known as AI "doing its job" or AI "run-of-the-mill." Indeed, taking an infinite number of steps, developing a machine that can be integrated with other systems, or controlling one system that's truly a machine, is one of the most fundamental processes of AI. Aside from the human-machine interaction, AI was also a big part of creativity

لقد تم هذا بواسطة النموذج GPT-2 الأبسط (من عام 2019)، والنتائج أفضل مع النماذج GPT-3 الأحدث والأكبر. إليك نص الكلمة العليا (الحرارة صفر) مُنتَجاً بنفس "نص الطلب"، لكن مع النموذج GPT-3 الأكبر:

The best thing about AI is its ability to automate processes and make decisions quickly and accurately. AI can be used to automate mundane tasks, such as data entry, and can also be used to make complex decisions, such as predicting customer behavior or analyzing large datasets. AI can also be used to improve customer service, as it can quickly and accurately respond to customer inquiries. AI can also be used to improve the accuracy of medical diagnoses and to automate the process of drug discovery.

وإليك مثالاً عشوائياً عند "الحرارة 0.8":

The best thing about AI is its ability to learn and develop over time, allowing it to continually improve its performance and be more efficient at tasks. AI can also be used to automate mundane tasks, allowing humans to focus on more important tasks. AI can also be used to make decisions and provide insights that would otherwise be impossible for humans to figure out.

من أين تأتي الاحتمالات؟

حسناً، ها قد علمنا أن ChatGPT يختار كلمته التالية بناءً على الاحتمالات دائماً، لكن من أين تأتي تلك الاحتمالات؟ هيا نبدأ بمشكلة أبسط وهي توليد نص إنكليزي حرفاً واحداً (بدلاً من كلمة واحدة) كل مرة. كيف يمكننا معرفة كم يجب أن يكون الاحتمال لكل حرف؟

أبسط شيء يمكننا فعله هو مجرد أخذ عيّنة من نص إنكليزي، واحتساب عدد مرات ظهور الأحرف المختلفة فيه. مثلاً، يحتسب التالي عدد الأحرف في مقال ويكيبيديا عن "القطط":

```
In[ ]:= LetterCounts[WikipediaData["cats"]]

Out[ ]= <| e → 4279, a → 3442, t → 3397, i → 2739, s → 2615, n → 2464, o → 2426,
 r → 2147, h → 1613, l → 1552, c → 1405, d → 1331, m → 989, u → 916,
 f → 760, g → 745, p → 651, y → 591, b → 511, w → 509, v → 395, k → 212,
 T → 114, x → 85, A → 81, C → 81, I → 68, S → 55, E → 42, z → 38, F → 36
```

والتالي يفعل الشيء نفسه مع "الكلاب":

```
In[ ]:= LetterCounts[WikipediaData["dogs"]]

Out[ ]= <| e → 3911, a → 2741, o → 2608, i → 2562, t → 2528, s → 2406,
 n → 2340, r → 1866, d → 1584, h → 1463, l → 1355, c → 1083, g → 929,
 m → 859, u → 782, f → 662, p → 636, y → 500, b → 462, w → 409,
 v → 406, k → 151, T → 90, C → 85, I → 80, A → 74, x → 71, S → 65
```

النتائج متشابهة، لكنها غير متطابقة (لا شك أن الحرف o شائع أكثر في مقال الكلاب لأنه، في النهاية، يظهر في كلمة dog نفسها). ومع ذلك، إذا أخذنا عيّنةً كبيرةً كفايةً من النص الإنكليزي، يمكننا أن نتوقّع الحصول في نهاية المطاف على نتائج متناغمة نوعاً ما على الأقل:

```
In[ ]:= English LANGUAGE [ character frequencies ]

Out[ ]= {e → 12.7% , t → 9.06% , a → 8.17% , o → 7.51% , i → 6.97% ,
  n → 6.75% , s → 6.33% , h → 6.09% , r → 5.99% , d → 4.25% , l → 4.03% ,
  c → 2.78% , u → 2.76% , m → 2.41% , w → 2.36% , f → 2.23% ,
  g → 2.02% , y → 1.97% , p → 1.93% , b → 1.49% , v → 0.978% ,
  k → 0.772% , j → 0.153% , x → 0.150% , q → 0.0950% , z → 0.0740%}
```

إليك عيّنة مما نحصل عليه إذا قمنا فقط بتوليد سلسلة أحرف بهذه الاحتمالات:

rronoitadatcaeaesaotdoysaroiyiinnbantoioestlhddeocneooewceseciselnodrtrd ⋱
griscsatsepesdcniouhoetsedeyhedslernevstothindtbmnaohngotannbthrd ⋱
thtonsipieldn

يمكننا تقسيم هذا إلى "كلمات" بإضافة فراغات كما لو أنها أحرف ذات احتمالات معيّنة:

sd n oeiaim satnwhoo eer rtr ofiianordrenapwokomdel oaas ill e h f
rellptohltvoettseodtrncilntehtotrkthrslo hdaol n sriaefr hthehtn ld gpod a h y oi

يمكننا تحقيق نتائج أفضل قليلاً في إنشاء "الكلمات" من خلال إجبار عملية تحديد "طول الكلمات" على التوافق مع ما هو موجود في اللغة الإنكليزية:

ni hilwhuei kjtn isjd erogofnr n rwhwfao rcuw lis fahte uss cpnc nlu
oe nusaetat llfo oeme rrhrtn xdses ohm oa tne ebedcon oarvthv ist

لم نحصل على أي "كلمات فعلية" هنا، إلا أن النتائج تبدو أفضل قليلاً، لكن للمضي قدماً، نحتاج إلى أن نقوم بأكثر من مجرد اختيار كل حرف على حدة بشكل عشوائي. مثلاً، نحن نعرف أنه إذا كان لدينا حرف q، فإن الحرف التالي مبدئياً يجب أن يكون u.

إليك مخطط احتمالات الأحرف بمفردها:

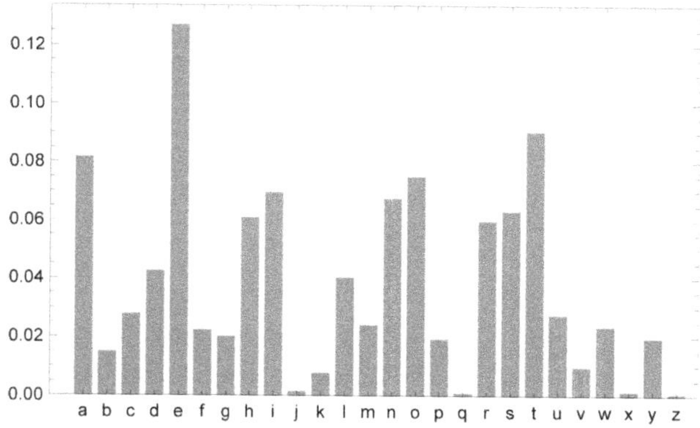

وإليك مخططاً يبيّن احتمالات أزواج الأحرف ("2-grams") في أي نص إنكليزي نموذجي. تظهر الأحرف الأولى المحتملة أفقياً، بينما تظهر الأحرف الثانية عمودياً:

ونرى هنا، مثلاً، أن العمود q فارغ (احتمال صفر) ما عدا في الصف u. حسناً، بدلاً من توليدنا "الكلمات" الآن حرفاً واحداً تلو الآخر، دعنا نولّدها بالنظر إلى حرفين كل مرة مستخدمين احتمالات 2-grams هذه. إليك عيّنة عن النتيجة – التي يصدف أنها تشمل بضع "كلمات فعلية":

on inguman men ise forernoft weat iofobato buc ous corew ousesetiv falle
tinouco ryefo ra the ecederi pasuthrgr cuconomtra tesla will tat pere thi

بوجود كمية كافية من النصوص الإنكليزية، يمكننا الحصول على تقديرات جيدة

جداً ليس فقط لاحتمالات الأحرف الفردية أو أزواج الأحرف (2-grams)، بل لتسلسلات أحرف أطول أيضاً. وإذا قمنا بتوليد "كلمات عشوائية" باستخدام احتمالات *n*-grams أطول تدريجياً، سنرى أنها تصبح "أكثر واقعية" تدريجياً:

0	on gxeeetowmt tsifhy ah aufnsoc ior oia itlt bnc tu ih uls
1	ri io os ot timumumoi gymyestit ate bshe abol viowr wotybeat mecho
2	wore hi usinallistin hia ale warou pothe of premetra bect upo pr
3	qual musin was witherins wil por vie surgedygua was suchinguary outheydays theresist
4	stud made yello adenced through theirs fromcent intous wherefo proteined screa
5	special average vocab consumermarket prepara injury trade consa usually speci utility

لكن لنفترض الآن – مثلما يفعل ChatGPT تقريباً – أننا نتعاطى مع كلمات كاملة وليس أحرفاً. هناك حوالي 40,000 كلمة شائعة الاستخدام في اللغة الإنكليزية، وبالنظر إلى مجموعة كبيرة من النصوص الإنكليزية (لنقل بضعة ملايين من الكتب، بإجمالي بضع مئات مليارات الكلمات)، يمكننا الحصول على تقدير لمدى شيوع كل كلمة. وباستخدامنا هذا، يمكننا البدء بتوليد "جمل" يتم فيها اختيار كل كلمة بشكل مستقل وعشوائي، وبنفس احتمال ظهورها في المجموعة. إليك عيّنة مما نحصل عليه:

of program excessive been by was research rate not here of of other
is men were against are show they the different the half the the in any were leaved

ليس مستغرباً أن هذا هُراء، لذا كيف يمكننا أن نحقّق نتيجة أفضل؟ تماماً كما هو الحال مع الأحرف، يمكننا أن نبدأ بأخذ بعين الاعتبار ليس فقط احتمالات الكلمات الفردية، بل احتمالات أزواج الكلمات أو سلاسل *n*-grams أطول. عند القيام بذلك لأزواج الكلمات، إليك 5 أمثلة عما نحصل عليه، بدءاً بكلمة cat في كل مرة:

cat through shipping variety is made the aid emergency can the

cat for the book flip was generally decided to design of

cat at safety to contain the vicinity coupled between electric public

cat throughout in a confirmation procedure and two were difficult music

cat on the theory an already from a representation before a

بدأت الأمور تبدو "معقولة" أكثر قليلاً، وقد نعتقد أنه إذا استطعنا استخدام سلاسل *n*-grams طويلة بشكل كافٍ، فسنحصل مبدئياً على "ChatGPT" - بمعنى أننا سنحصل على شيء سيولِّد تسلسلات كلمات بطول مقالٍ لها "احتمالات المقال الإجمالية الصحيحة"، لكن إليك المشكلة: لم تتم كتابة ما يكفي من نصوص إنكليزية على الإطلاق لكي نتمكن من استنتاج تلك الاحتمالات.

قد تكون هناك بضع مئات مليارات الكلمات على الويب، ومئة مليار كلمة أخرى في الكتب التي تمت رقمنتها، لكن بوجود 40,000 كلمة شائعة، فإن حتى عدد تركيبات 2-grams المحتملة يبلغ 1.6 مليار من قبل - وعدد تركيبات 3-grams المحتملة هو 60 تريليوناً - لذا لا توجد أي طريقة يمكننا من خلالها تقدير الاحتمالات حتى لكل تلك التركيبات بناءً على النصوص الموجودة، وحين نصل إلى "أجزاء مقال" مكوَّنة من 20 كلمة، يكون عدد الاحتمالات قد أصبح أكبر من عدد الجُسَيمات في الكون، وبالتالي لا يمكن تدوينها كلها أبداً.

ماذا يمكننا أن نفعل إذاً؟ الفكرة العظيمة هي بصنع نموذج يتيح لنا تقدير الاحتمالات التي يجب أن تظهر بها التسلسلات - رغم أننا لم نر أبداً تلك التسلسلات علنياً في مجموعة النصوص التي نظرنا إليها. ويوجد في جوهر ChatGPT على وجه التحديد شيءٌ يسمى "نموذج اللغة الكبير" (LLM) تم بناؤه ليقدِّر تلك الاحتمالات بشكل جيد.

ما هو النموذج؟

لنفترض أنك تريد أن تعرف (مثلما فعل غاليليو في أواخر القرن السادس عشر) كم من الوقت ستستغرق كُرة مدفع يتم رميها من كل طابق في برج پيزا لكي تصل إلى الأرض. حسناً، يمكنك مجرد قياس المدة في كل حالة ووضع جدول بالنتائج، أو يمكنك أن تفعل ما هو جوهر العِلم النظري: صنع نموذجٍ يعطي نوعاً من الإجراءات لاحتساب الجواب بدلاً من مجرد قياس المدة في كل حالة وتدوينها.

دعنا نتخيَّل أن لدينا بيانات (مثالية بعض الشيء) عن المدة التي تستغرقها كُرة المدفع عند سقوطها من طوابق مختلفة:

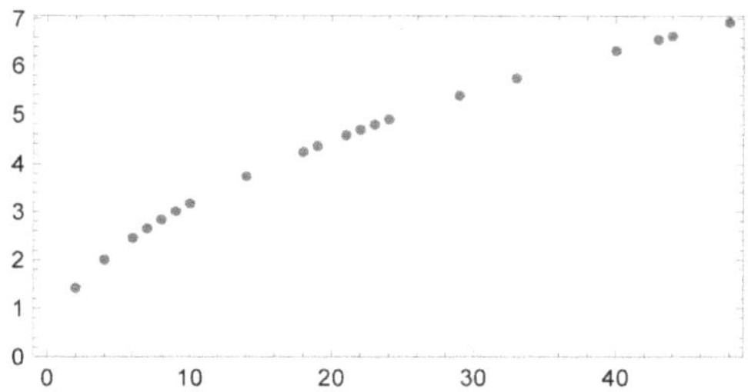

كيف يمكننا معرفة المدة التي سيستغرقها السقوط من طابق ليست لدينا بيانات صريحة عنه؟ في هذه الحالة بالذات، يمكننا استخدام قوانين الفيزياء المعروفة لإيجاد الجواب، لكن لنفترض أن كل ما لدينا هو البيانات، ولا نعرف ما هي القوانين الأساسية التي تحكمها، لذا فقد نقوم بتكهّن رياضي، مثل ربما أنه علينا استخدام خط مستقيم كنموذج لنا:

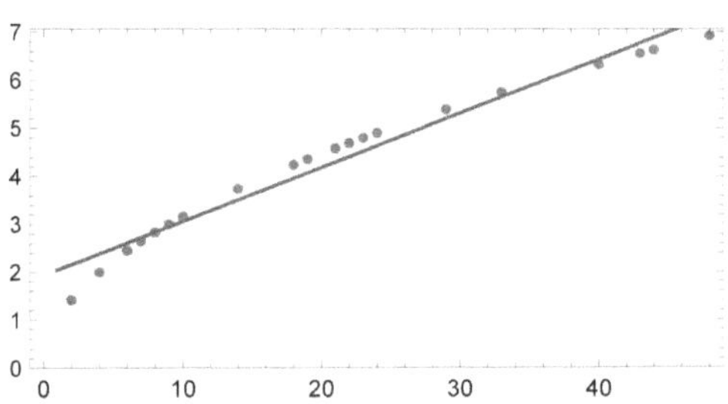

يمكننا اختيار خطوط مستقيمة مختلفة، لكن هذا الخط هو الأقرب كمعدل وسطي للبيانات المعطاة لنا، ومن هذا الخط المستقيم يمكننا تقدير مدة السقوط من أي طابق.

كيف عرفنا أن نجرّب استخدام خط مستقيم هنا؟ لم نعرف إلى حد ما، بل هو مجرد شيء بسيط رياضياً، ونحن معتادون على حقيقة أن الكثير من البيانات التي نقيسها يتبيَّن أنها ملائمة جداً وفق أشياء بسيطة رياضياً. يمكننا أن نجرّب شيئاً معقَّداً أكثر من الناحية الرياضية (مثلاً $a + bx + cx^2$)، وعندها نحقّق نتائج أفضل:

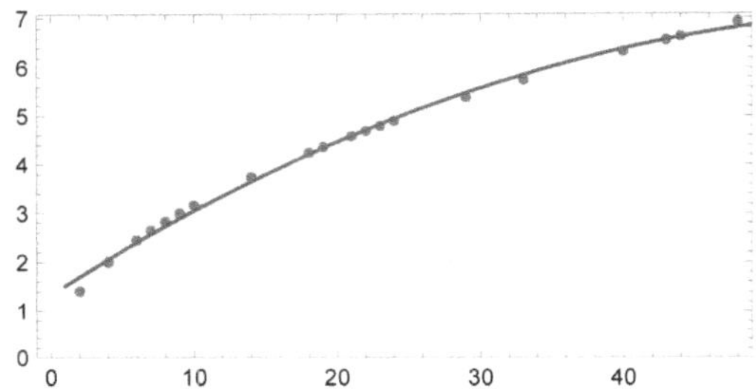

لكن الأمور يمكن أن تسوء تماماً. مثلاً، ما يلي هو أفضل ما يمكننا فعله مع $a + b/x + c \sin(x)$:

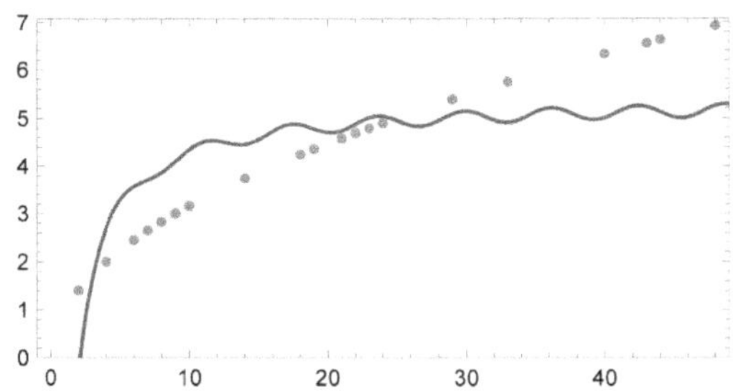

يجدر بنا أن نفهم أنه لا يوجد أبداً "نموذج من غير نموذج"، فأي نموذج تستخدمه له بنية أساسية ما - ثم مجموعة معيّنة من "المقابض التي يمكنك تحريكها" (أي، بارامترات يمكنك ضبطها) لتلائم بياناتك. وفي حالة ChatGPT، يتم استخدام الكثير من تلك "المقابض" - في الواقع، 175 مليارا منها.

لكن الشيء الملفت للنظر هو أن بنية ChatGPT الأساسية - التي لها هذا العدد من البارامترات "فقط" - كافية لصنع نموذج يحتسب احتمالات الكلمة التالية "بشكل جيد بما فيه الكفاية" لإعطائنا نصاً معقولاً بطول مقالٍ.

نماذج للمهام البشرية

لقد انطوى المثال الذي قدّمناه أعلاه على صنع نموذج لبيانات رقمية تأتي أساساً من الفيزياء البسيطة - حيث عرفنا لعدة قرون أن "الرياضيات البسيطة تنطبق عليها" - لكن بالنسبة إلى ChatGPT، علينا أن نصنع نموذجاً لنص لغوي من النوع الذي ينتجه الدماغ البشري، ونحن لا نملك لشيءٍ من هذا القبيل (حتى الآن على الأقل) أي شيء يمكن اعتباره "رياضيات بسيطة"، لذا كيف يمكن أن يبدو نموذجه؟

قبل أن نتكلّم عن اللغة، دعنا نتكلّم عن مهمة بشرية أخرى: التعرّف على الصور. دعنا نأخذ مثالاً بسيطاً على هذا هو صور الأعداد (ونعم، هذا مثال كلاسيكي عن التعلّم الآلي):

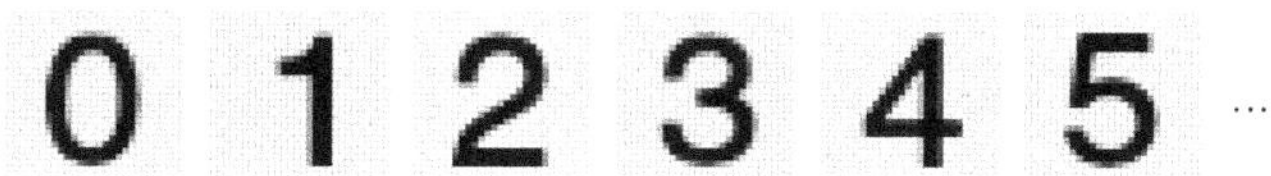

هناك شيء يمكننا فعله هو أخذ مجموعة من عيّنات الصور لكل عدد:

ثم لمعرفة ما إذا كانت إحدى الصور التي نحصل عليها تتناسب مع عدد معيّن أم لا، يمكننا مجرد إجراء مقارنة صريحة لكل بكسل بالعيّنات التي لدينا. لكن يبدو أننا كبشر نفعل شيئاً أفضل بالتأكيد - لأنه لا يزال بإمكاننا التعرّف على الأعداد، حتى عندما تكون مكتوبة بخط اليد مثلاً، وخضعت لكافة أصناف التعديلات والتشوّهات:

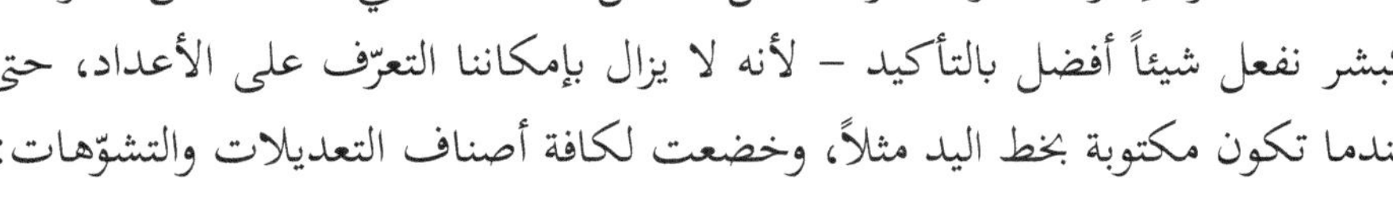

عندما صنعنا نموذجاً لبياناتنا الرقمية أعلاه، استطعنا أخذ قيمة رقمية x أُعطيت لنا، واحتسبنا a + bx لكلّ من a وb. لذا إذا عاملنا القيمة الرمادية لكل بكسل هنا

على أنها متغيّرٌ x_i ما، فهل هناك دالة ما لكل تلك المتغيّرات تُخبِرنا – عند تقييمها – ما هو العدد في الصورة؟ لقد اتّضح أنه من الممكن إنشاء هكذا دالة، لكن ليس مستغرباً أن الأمر ليس بهذه البساطة، والمثال النموذجي قد يستلزم ربما نصف مليون عملية رياضية.

لكن النتيجة النهائية هي أنه إذا أعطينا هذه الدالة مجموعة قيم البكسلات لإحدى الصور، فستعطينا الرقم الذي يحدِّد العدد الذي لدينا صورة له. سنتكلّم لاحقاً عن كيفية إنشاء هكذا دالة، وعن فكرة الشبكات العصبية، لكن دعنا نعامل الدالة كصندوق أسود في الوقت الحاضر، حيث نعطيها صوراً، لأعدادٍ مكتوبة بخط اليد مثلاً (على هيئة مصفوفات قيم بكسلات)، وتعطينا الأرقام التي تتناسب معها:

In[ ]:= NetModel["..."][{ 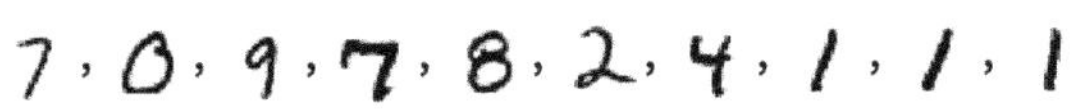 }]

Out[ ]= {7, 0, 9, 7, 8, 2, 4, 1, 1, 1}

لكن ما الذي يجري هنا حقاً؟ لنفترض أننا نموّه أحد الأعداد تدريجياً. ستبقى دالتنا "تتعرَّف عليه" لبعض الوقت (على أنه العدد 2 في المثال التالي)، لكنها سرعان ما "تتوه"، وتبدأ بإعطائنا نتيجة "خاطئة":

In[ ]:= NetModel["..."][{  }]

Out[ ]= {2, 2, 2, 1, 1, 1, 1, 1, 1}

لكن لماذا نقول إن النتيجة "خاطئة"؟ نحن نعرف في هذه الحالة أننا حصلنا على كل الصور من خلال تمويه العدد 2، لكن إذا كان هدفنا هو إنتاج نموذج لما يستطيع أن يفعله البشر في التعرّف على الصور، فإن السؤال الحقيقي الذي يجب طرحه هو ما الذي كان سيفعله الإنسان إذا أُعطي إحدى هذه الصور الضبابية، من دون أن يعرف مصدرها.

ولدينا "نموذج جيد" إذا كانت النتائج التي نحصل عليها من دالتنا تتوافق عادة مع ما قد يقوله الإنسان. والحقيقة العلمية غير المبتذَلة هي أنه بالنسبة لمهمة التعرّف على الصور مثل هذه، فإننا نعرف الآن كيفية بناء دالات تفعل ذلك مبدئياً.

هل يمكننا أن "نبرهن رياضياً" أنها تعمل؟ حسناً، لا، لأنه لفعل ذلك، يجب أن تكون لدينا نظرية رياضية لما نقوم به نحن البشر. خذ صورة العدد 2 وغيِّر بضعة بكسلات فيها. قد نظن أنه إذا جعلنا بضعة بكسلات فقط "في غير مكانها"، فإننا سنظل نعتبر أنها صورة العدد 2، لكن إلى أي مدى يجب أن يصل ذلك؟ إنها مسألة تتعلق بالإدراك البصري لدى البشر، ونعم، لا شك أن الجواب سيكون مختلفاً بالنسبة للنحل أو الأخطبوطات – وربما مختلفاً تماماً للكائنات الفضائية المفترَضة.

الشبكات العصبية

حسناً، كيف تعمل نماذجنا النموذجية لمهامٍ مثل التعرّف على الصور في الواقع؟ إن أشهَر - وأنجح - أسلوب حالي يستخدم شبكاتٍ عصبيةٍ. لقد تم اختراع الشبكات العصبية في أربعينات القرن العشرين - على هيئة قريبة بشكل ملحوظ من استخدامها اليوم - ويمكن اعتبارها تقليداً بسيطاً لطريقة عمل الأدمغة.

يوجد في دماغ الإنسان حوالي 100 مليار عصبون (خلية عصبية)، وكل واحد منها قادر على إنتاج ما يصل إلى حوالي ألف نبضة كهربائية في الثانية. ترتبط العصبونات ببعضها في شبكة معقَّدة، ولكل عصبون فروع شجرية تسمح له بتمرير إشارات كهربائية إلى آلاف العصبونات الأخرى. وإذا أردنا تقديم تقدير تقريبي عما إذا كان أحد العصبونات يُنتِج نبضةً كهربائيةً في لحظة معيّنة، فإن هذا أمرٌ يعتمد على النبضات التي تلقاها من العصبونات الأخرى - مع وجود وصلات مختلفة تساهم في "أوزان" مختلفة.

ما يجري عندما "نرى صورةً" هو أنه عندما تسقط فوتونات الضوء من الصورة على خلايا "مستقبِلات الضوء" في الجهة الخلفية لعيوننا فإنها تُنتِج إشارات كهربائية في الخلايا العصبية. تلك الخلايا العصبية موصولة بخلايا عصبية أخرى، وفي نهاية المطاف تمرّ الإشارات عبر سلسلة كاملة من طبقات العصبونات، وفي هذه العملية "نتعرَّف على" الصورة، مما يشكّل لدينا في نهاية المطاف "فكرة" أننا "نرى العدد 2" (وربما نفعل شيئاً في النهاية مثل قول كلمة "اثنين" بصوتٍ عالٍ).

إن دالة "الصندوق الأسود" من القسم السابق هي نسخة "رياضية" لهكذا شبكة عصبية، ويصدف أنها تتكوَّن من 11 طبقة (رغم أن 4 طبقات منها فقط "جوهرية"):

NetChain[

	Input	image array (size: 1×28×28)
1	ConvolutionLayer	array (size: 20×24×24)
2	Ramp	array (size: 20×24×24)
3	PoolingLayer	array (size: 20×12×12)
4	ConvolutionLayer	array (size: 50×8×8)
5	Ramp	array (size: 50×8×8)
6	PoolingLayer	array (size: 50×4×4)
7	FlattenLayer	vector (size: 800)
8	LinearLayer	vector (size: 500)
9	Ramp	vector (size: 500)
10	LinearLayer	vector (size: 10)
11	SoftmaxLayer	vector (size: 10)
	Output	class

]

ليس هناك شيء خاص يمكننا أن "نستمده نظرياً" عن هذه الشبكة العصبية فهي مجرد شيء تم بناؤه – سنة 1998 – كمشروع هندسي وتبيَّن أنه يعمل. (بالطبع أن هذا لا يختلف كثيراً عن الطريقة التي قد نصف بها أدمغتنا على أنه تم إنتاجها من خلال عملية التطوّر البيولوجي).

حسناً، لكن كيف تستطيع شبكة عصبية مثل هذه أن "تتعرَّف على الأشياء"؟ السر هو في الجاذبات. تخيَّل أن لدينا صوراً مكتوبة بخط اليد للعددين 1 و2:

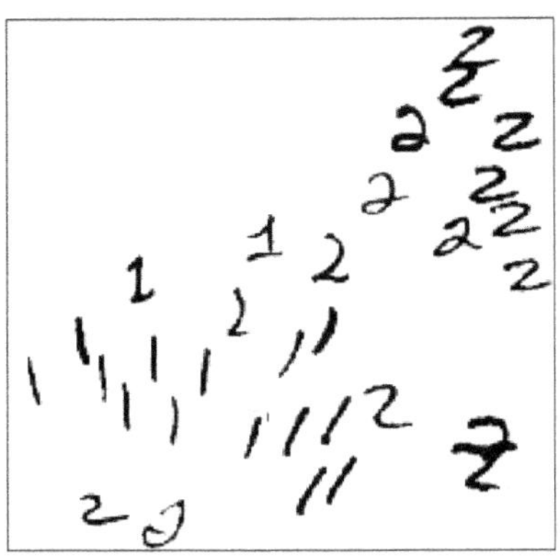

نريد بطريقة أو بأخرى أن تكون كل الأعداد 1 "منجذِبة إلى مكانٍ" وكل الأعداد 2 "منجذِبة إلى مكان آخر"، أو بعبارة أخرى، إذا كانت إحدى الصور أقرب بطريقة ما "إلى أن تكون 1" من أن تكون 2، نريد أن ينتهي بها المطاف في "مكان الأعداد 1"، والعكس بالعكس.

لنفترض، كتشبيهٍ بسيطٍ، أن لدينا مواضع معيّنة في منبَسَطٍ محدَّدة بنقاط (قد

تكون مواضع مقاهي في واقع الحياة). ثم قد نتخيَّل أنه بدءاً من أي نقطة على المنبَسَط، سنريد دائماً أن ينتهي بنا المطاف عند أقرب نقطة (أي أننا سنذهب دائماً إلى أقرب مقهى). يمكننا تمثيل هذا بتقسيم المنبَسَط إلى مناطق ("أحواض جاذبة") مفصولة بـ "حواجز مائية" مثالية:

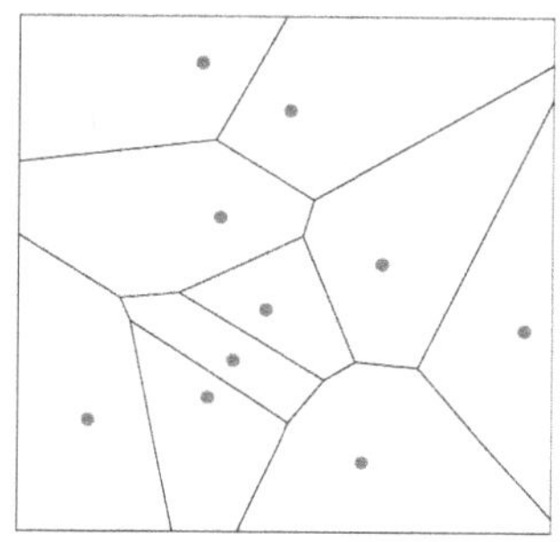

يمكننا التفكير في هذا على أنه تنفيذ نوعٍ من "مهام التعرّف" حيث لا نفعل شيئاً مثل تحديد العدد الذي تبدو عليه صورة معيّنة "أكثر من غيره" - بل نرى فقط، بشكل مباشر تماماً، ما هي النقطة الأقرب إلى مكاننا. (إن "مخطط ڤورونوْي" الذي نعرضه هنا يَفصل النقاط في الفضاء الأقليدي الثنائي الأبعاد؛ ويمكن اعتبار مهمة التعرّف على الأعداد على أنها تفعل شيئاً مشابهاً جداً - لكن في فضاءٍ ذي 784 بُعداً تكوَّن من المستويات الرمادية لكل البكسلات في كل صورة).

كيف نجعل إذاً شبكةً عصبيةً "تنفّذ مهمة تعرّفٍ"؟ دعنا نفكّر في الحالة البسيطة جداً التالية:

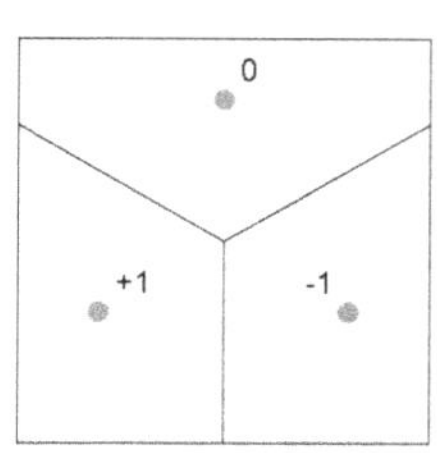

هدفنا هو أن نأخذ "إدخالاً" يوازي موضعاً {x,y} - ثم أن "نتعرَّف" على أي نقطة من النقاط الثلاث هو الأقرب إليها. أو، بمعنى آخر، نريد من الشبكة العصبية

أن تحتسب دالة {x,y} كالتالي:

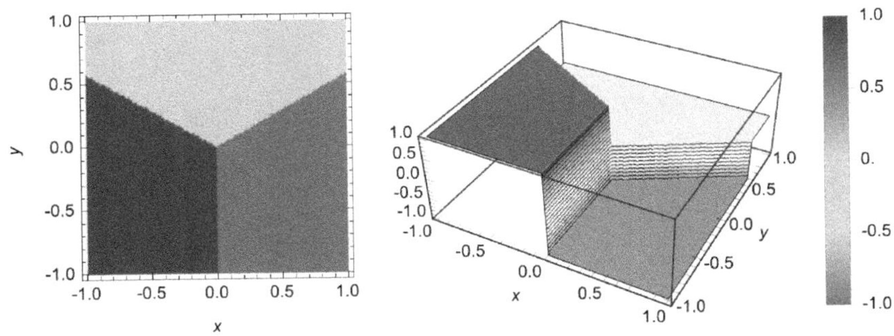

إذاً كيف نفعل هذا مع شبكة عصبية؟ الشبكة العصبية في نهاية المطاف عبارة عن تشكيلة متصلة من "العصبونات" المثالية - مرتَّبة عادة في طبقات - مع مثال بسيط هو:

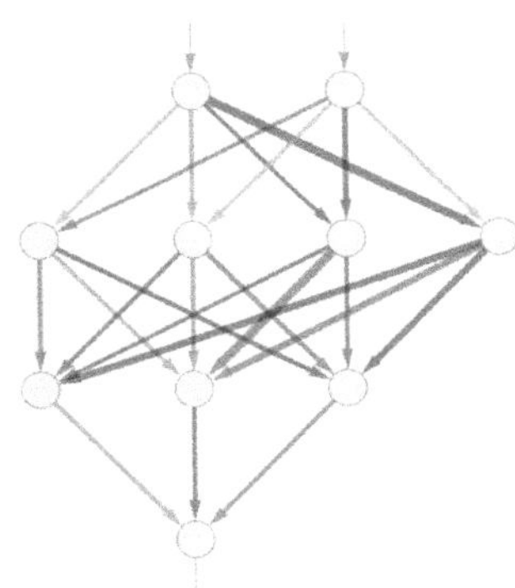

إن كل "عصبون" مُعدّ بفعالية لتقييم دالة رقمية بسيطة، و"لاستخدام" الشبكة، ما علينا سوى تقديم الأرقام (مثل إحداثياتنا x وy) في الأعلى، ثم نجعل العصبونات في كل طبقة "تقيّم دالاتها" وتمرّر النتائج عبر الشبكة - مما يولِّد في نهاية المطاف النتيجة النهائية في الأسفل:

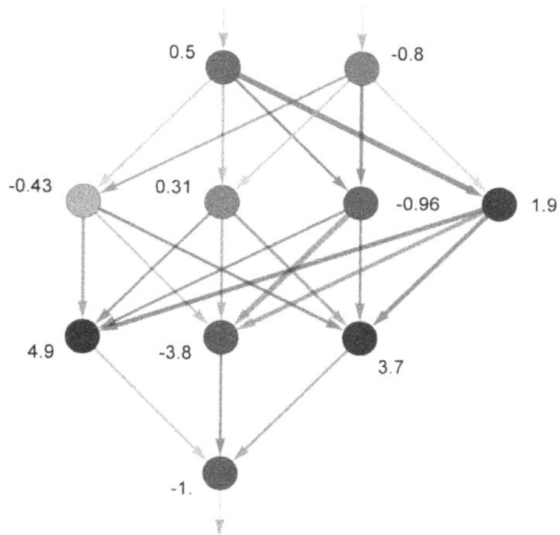

في الإعداد التقليدي (المستوحى بيولوجياً)، يكون لكل عصبون مجموعة معيّنة من "الوصلات الواردة" من العصبونات الموجودة في الطبقة السابقة، مع تعيين "وزنٍ" لكل وصلة (يمكن أن يكون رقماً موجباً أو سالباً). يتم تحديد قيمة كل عصبون بضرب قيم "العصبونات السابقة" بأوزانها، ثم جمعها وإضافة ثابت إليها - وأخيراً تطبيق دالة "عتبة" (أو "تنشيط"). من الناحية الرياضية، إذا كان لأحد العصبونات مُدخَلات x = $\{x_1, x_2, ...\}$ فإننا نحتسب f [w . x + b]، حيث يتم اختيار الأوزان w والثابت b بشكل مختلف عموماً لكل عصبون في الشبكة؛ وعادة ما تكون الدالة f هي نفسها.

إن احتساب w . x + b هو مجرد عملية ضرب الصفيفة وجمعها، و"دالة التنشيط" f تقدِّم اللاخطيّة (وهذا ما يؤدي في نهاية المطاف إلى سلوك غير مبتذَل). يتم عادة استخدام دالات تنشيط مختلفة، وسنستخدم هنا Ramp (أو ReLU) فقط:

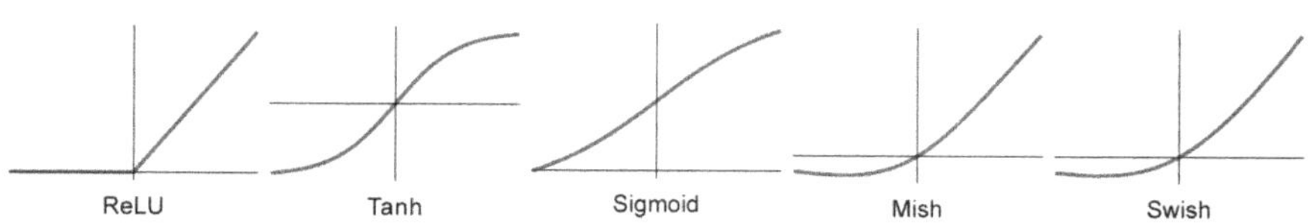

لكل مهمة نريد أن تنفِّذها الشبكة العصبية (أو بشكل مرادف، لكل دالة إجمالية نريدها أن تقيّمها)، ستكون لدينا أوزان مختلفة. (ومثلما سنناقش لاحقاً، يتم تحديد تلك الأوزان عادة من خلال "تدريب" الشبكة العصبية باستخدام التعلّم الآلي من

أمثلة المُخرَجات التي نريدها).

في نهاية المطاف، تتناسب كل شبكة عصبية مع دالةٍ رياضيةٍ إجماليةٍ ما – رغم أنه قد يكون من الصعب كتابتها – وهي ستكون ما يلي بالنسبة للمثال أعلاه:

$$
\begin{aligned}
&w_{511}\, f(w_{311}\, f(b_{11} + x\, w_{111} + y\, w_{112}) + w_{312}\, f(b_{12} + x\, w_{121} + y\, w_{122}) + \\
&\quad w_{313}\, f(b_{13} + x\, w_{131} + y\, w_{132}) + w_{314}\, f(b_{14} + x\, w_{141} + y\, w_{142}) + b_{31}) + \\
&w_{512}\, f(w_{321}\, f(b_{11} + x\, w_{111} + y\, w_{112}) + w_{322}\, f(b_{12} + x\, w_{121} + y\, w_{122}) + \\
&\quad w_{323}\, f(b_{13} + x\, w_{131} + y\, w_{132}) + w_{324}\, f(b_{14} + x\, w_{141} + y\, w_{142}) + b_{32}) + \\
&w_{513}\, f(w_{331}\, f(b_{11} + x\, w_{111} + y\, w_{112}) + w_{332}\, f(b_{12} + x\, w_{121} + y\, w_{122}) + \\
&\quad w_{333}\, f(b_{13} + x\, w_{131} + y\, w_{132}) + w_{334}\, f(b_{14} + x\, w_{141} + y\, w_{142}) + b_{33}) + b_{51}
\end{aligned}
$$

إن الشبكة العصبية لـ ChatGPT تتناسب أيضاً مع دالة رياضية مثل هذه – لكن لها مليارات المُدى [جمع مدى، terms].

لكن دعنا نعود إلى العصبونات الفردية. إليك بعض الأمثلة على الدالات التي يستطيع عصبونٌ له مُدخَلين (يمثّلان الإحداثيين x و y) أن يحتسبها مع أوزان وثوابت مختلفة (واستخدام Ramp كدالة التنشيط):

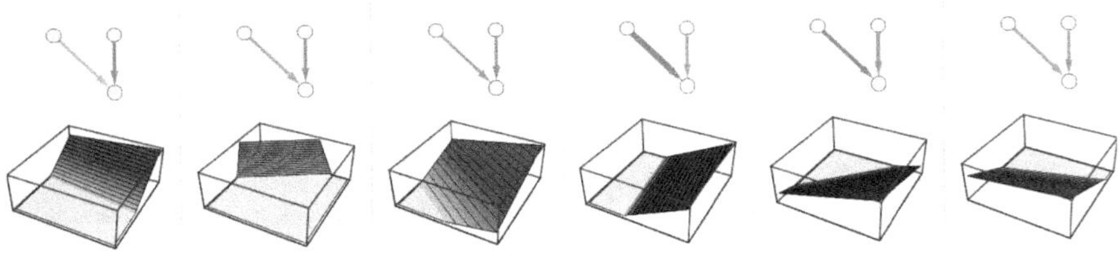

لكن ماذا بشأن الشبكة الأكبر المقدَّمة أعلاه؟ حسناً، إليك ما تحتسبه:

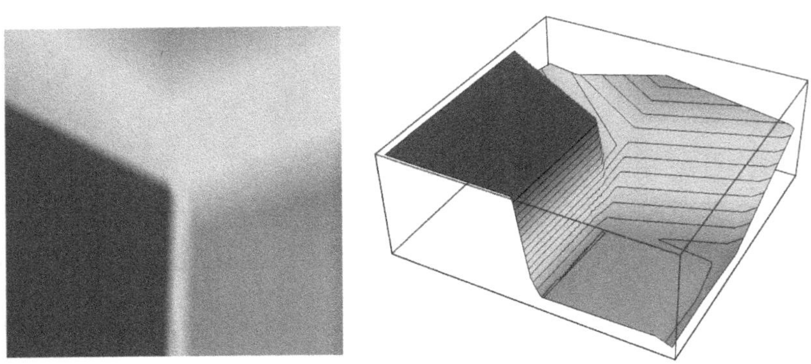

إنها ليست "صحيحةً" تماماً، لكنها قريبة من دالة "أقرب نقطة" المبيَّنة أعلاه.

دعنا نرى ماذا يجري مع بعض الشبكات العصبية الأخرى. إننا نستخدم التعلّم الآلي في كل حالة، مثلما سنشرح لاحقاً، لإيجاد أفضل الأوزان، ثم نعرض هنا ما تحتسبه الشبكة العصبية بتلك الأوزان:

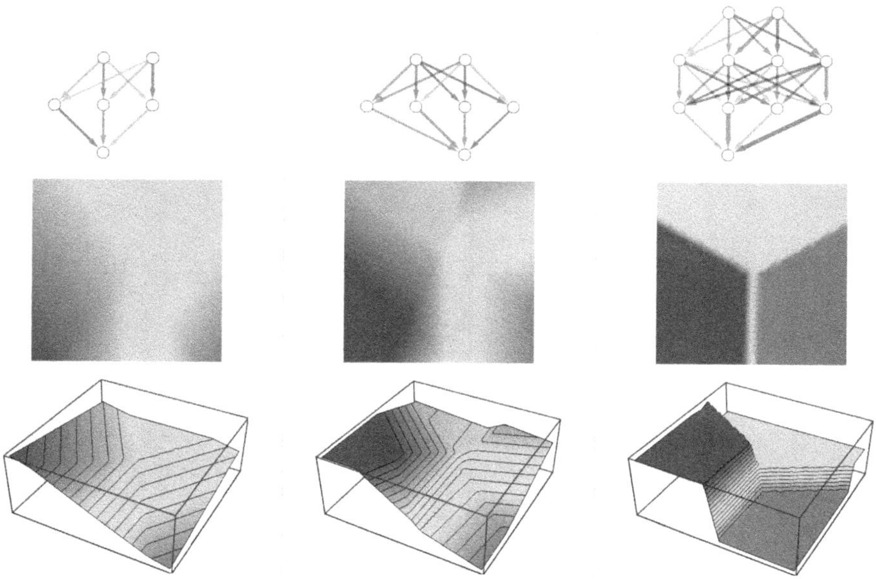

تعمل الشبكات الأكبر بشكل أفضل عموماً في مقاربة الدالة التي نهدف إليها. وفي "وسط كل حوض جاذب"، نحصل عادة على الجواب الذي نريده بالضبط، لكن عند الحدود - حيث تجد الشبكة العصبية "صعوبةً في اتخاذ القرار" - يمكن أن تكون الأمور فوضوية أكثر.

مع "مهمة التعرّف" البسيطة هذه ذات النمط الرياضي، من الواضح ما هو "الجواب الصحيح"، لكنه ليس واضحاً إلى هذا الحد مع مشكلة التعرّف على الأعداد المكتوبة بخط اليد، فماذا لو كتب أحدهم العدد 2 بخط سيئ لدرجة أنه بدا وكأنه العدد 7، الخ؟ ومع ذلك، يمكننا أن نسأل كيف تميّز الشبكة العصبية بين الأعداد - وهذا يعطي دلالةً:

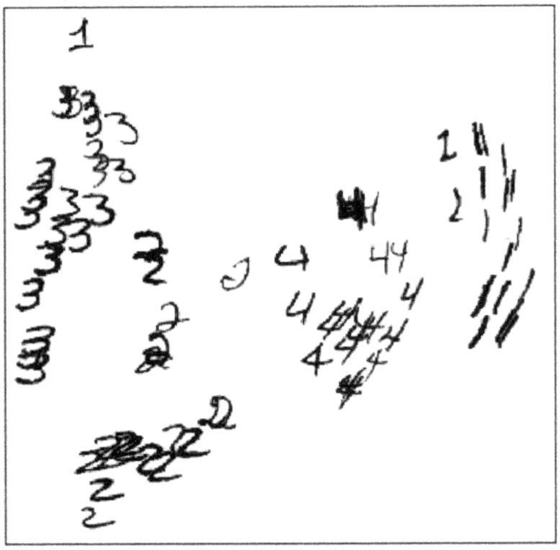

هل يمكننا أن نقول "رياضياً" كيف تميّز الشبكة؟ ليس حقاً، فهي تفعل فقط "ما تفعله الشبكات العصبية"، لكن يتبيَّن أن ذلك يبدو عادةً متوافقاً بشكل جيد إلى حد ما مع عمليات التمييز التي نقوم بها نحن البشر.

دعنا نأخذ مثالاً أكثر تفصيلاً. لنفترض أنه لدينا صوراً لقطط وكلاب، وأنه لدينا شبكة عصبية تم تدريبها على التمييز بينها. إليك ما قد تفعله مع بعض الأمثلة:

لقد أصبح الأمر أقل وضوحاً الآن بشأن ما هو "الجواب الصحيح"، فماذا عن كلبٍ يرتدي بذلة قطة؟ الخ. مهما يكن الإدخال الذي يُعطى للشبكة العصبية فإنها ستولِّد جواباً، وبطريقة متناغمة إلى حد معقول مع طريقة البشر. مثلما قلتُ أعلاه، هذا ليس حقيقةً يمكننا أن "نشتقها من المبادئ الأولى"، بل هو مجرد شيء اتّضح بالتجربة أنه صحيح، في بعض المجالات على الأقل، لكنه أحد الأسباب الرئيسية لفائدة الشبكات العصبية: أنها بطريقة أو بأخرى تلتقط طريقةً "بشريةً" لفعل الأشياء.

أعرض صورة قطة على نفسك، واسأل "لماذا هذه قطة؟". ربما ستبدأ بالقول، "حسناً، أرى أذنيها المدبَّبتين، وما إلى ذلك"، لكنه من غير السهل أن تشرح كيف تعرَّفت على الصورة بأنها صورة قطة، فقد قدَّر دماغك ذلك بطريقة ما فحسب، لكن لا توجد أي طريقة (حتى الآن على الأقل) "لدخول" الدماغ ورؤية كيف قدَّر ذلك. وماذا بشأن شبكة عصبية (اصطناعية)؟ حسناً، من السهل رؤية ما يفعله كل "عصبون" عندما تنظر إلى صورة قطة، لكن من الصعب جداً عادة الحصول حتى على تصوّر أساسي.

في آخر شبكة استخدمناها لمشكلة "أقرب نقطة" التي ناقشناها سابقاً، هناك 17 عصبوناً، وفي شبكة التعرّف على الأعداد المكتوبة بخط اليد، هناك 2,190 عصبوناً، وفي الشبكة التي نستخدمها للتعرّف على القطط والكلاب، هناك 60,650 عصبوناً. من الصعب جداً عادةً تخيّل فضاءٍ ذي 60,650 بُعداً، لكن لأنها شبكةٌ تم إعدادها للتعاطي مع الصور، فإن العديد من طبقات عصبوناتها منظَّمة في مصفوفات، مثل مصفوفات البكسلات التي تنظر إليها.

وإذا أخذنا صورة قطة نموذجية

يمكننا عندها تمثيل حالات العصبونات في الطبقة الأولى بتشكيلة صورٍ مشتقةٍ - يمكننا تفسير العديد منها بسهولة على أنها أشياء مثل "القطة من دون خلفيتها" أو "كفاف القطة":

تزداد صعوبة تفسير ماذا يجري عند بلوغ الطبقة العاشرة:

يمكننا أن نقول بشكل عام إن الشبكة العصبية "تختار سماتٍ معيّنةٍ" (ربما الأذنين المدبَّبتين من بينها)، وتستخدمها لتحدِّد ماهية الصورة، لكن هل تلك السمات هي سمات لدينا أسماء لها - مثل "الأذنين المدبَّبتين"؟ في الأغلب لا.

هل تستخدم أدمغتنا سمات مشابهة؟ في الأغلب لا نعرف، لكن من الجدير أن نذكر أنه يبدو أن الطبقات القليلة الأولى لشبكةٍ عصبيةٍ مثل التي نعرضها هنا تختار جوانب الصور (مثل حافات الكائنات) التي تبدو مشابهة لتلك التي نعرف أن المستوى الأول من المعالجة البصرية في الأدمغة يختارها.

لكن لنفترض أننا نريد "نظرية التعرّف على القطط" في الشبكات العصبية. يمكننا القول: "انظروا، هذه الشبكة بالذات تفعل ذلك" - وهذا سيعطينا على الفور فكرةً عن "مدى صعوبة المشكلة" (وعن عدد العصبونات أو الطبقات التي قد تكون مطلوبة مثلاً)، لكن ليست لدينا طريقة حتى الآن على الأقل لكي "نقدّم وصفاً سردياً" عما تفعله الشبكة. وربما يرجع ذلك إلى أنها غير قابلة للاختزال من الناحية الحسابية حقاً، وأنه لا توجد طريقة عامة لمعرفة ما الذي تفعله إلا من خلال تتبّع كل خطوة بشكل صريح، أو ربما لأننا لم "نكتشف العِلم"، ولم نحدِّد "القوانين الطبيعية" التي تمكّننا من تلخيص ما الذي يجري.

سنواجه نفس أنواع المشاكل عندما نتكلّم عن توليد اللغة بواسطة ChatGPT، ومن غير الواضح مرة أخرى عما إذا كانت هناك طرقٌ لـ "تلخيص ما الذي يفعله"، لكن غنى اللغة وتفاصيلها (وخبرتنا معها) قد يمكّننا من الوصول إلى أبعد مما وصلنا إليه مع الصور.

التعلّم الآلي، وتدريب الشبكات العصبية

لقد تكلَّمنا حتى الآن عن الشبكات العصبية التي "تعرف من قبل" كيفية تنفيذ مهام معيّنة، لكن ما يجعل الشبكات العصبية مفيدة جداً (افتراضياً أيضاً في الأدمغة) هو أنها لا تستطيع من حيث المبدأ تنفيذ كافة أصناف المهام فحسب، بل يمكن "تدريبها من الأمثلة" بشكل تزايدي وتدريجي لكي تنفّذ تلك المهام.

عندما نجعل شبكةً عصبيةً تميّز بين القطط والكلاب، لن نضطر إلى كتابة برنامجٍ (مثلاً) يبحث عن الشوارب صراحةً، بل نعرض فقط الكثير من الأمثلة عما هي القطة وعما هو الكلب، ثم نجعل الشبكة "تتعلَّم منها آلياً" كيفية التمييز بين الاثنين.

الفكرة هي أن الشبكة المدرَّبة "تعمِّم" من الأمثلة التي تُعرض عليها. فتماماً مثلما رأينا أعلاه، المسألة ليست أن الشبكة العصبية تتعرَّف ببساطة على نمط البكسلات في صورة قطةٍ تُعرض عليها، بل أنها تتمكّن بطريقة أو بأخرى من التمييز بين الصور التي نعتبر أنها تُظهر طابعاً من "القطط العامة".

إذاً كيف يتم تدريب الشبكة العصبية في الواقع؟ ما نحاول فعله دائماً هو إيجاد الأوزان التي تجعل الشبكة العصبية تنجح في إعادة إنتاج الأمثلة التي نعرضها عليها، ثم نتّكل على قدرتها على أن "تستقرء داخلياً" (أو "تعمِّم") "بين" تلك الأمثلة بطريقة "معقولة".

هيا ننظر إلى مشكلة أبسط حتى من مشكلة النقطة الأقرب المقدَّمة أعلاه، ودعنا نحاول فقط جعل شبكةٍ عصبيةٍ تتعلَّم الوظيفة المطلوبة منها:

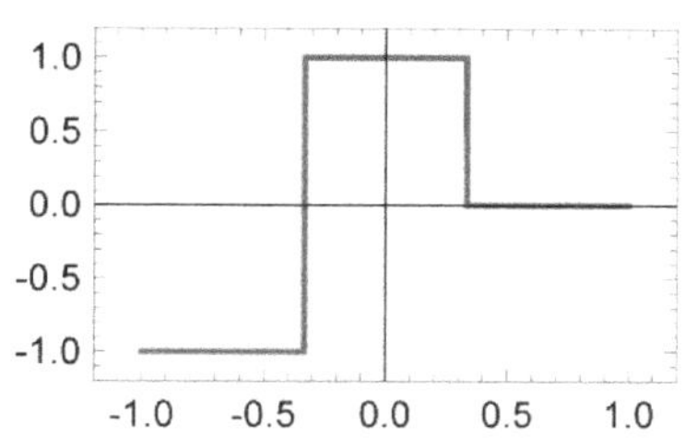

سنحتاج لهذه المهمة إلى شبكةٍ لها إدخال واحد وإخراج واحد فقط، كالتالي:

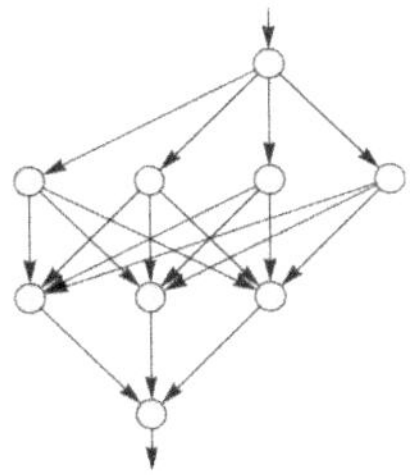

لكن ما هي الأوزان وغيرها من الأمور التي يجب أن نستخدمها؟ مع كل مجموعة أوزان ممكنة، ستحتسب الشبكة العصبية وظيفةً ما. مثلاً، إليك ما تفعله مع مجموعات قليلة من الأوزان المُختارة عشوائياً:

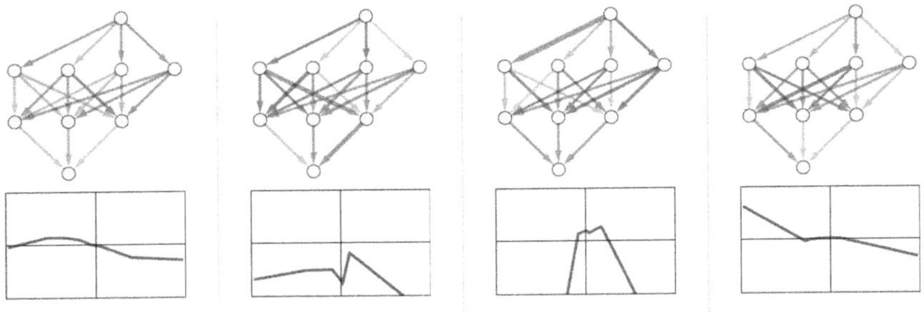

ونعم، يمكننا أن نرى بوضوح أنها لم تقترب في كل هذه الحالات حتى من إعادة إنتاج الوظيفة التي نريدها، فكيف نجد إذاً الأوزان التي ستعيد إنتاج الوظيفة؟

الفكرة الأساسية هي تزويد الكثير من أمثلة "الإدخال ← الإخراج" لكي "تتعلّم منها" - ثم محاولة إيجاد الأوزان التي ستعيد إنتاج تلك الأمثلة. إليك نتيجة فعل ذلك باستخدام المزيد من الأمثلة بشكل تدريجي:

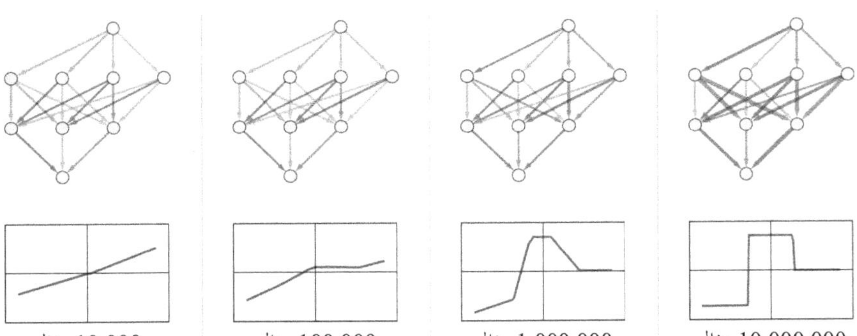

في كل مرحلة من مراحل هذا "التدريب"، يتم تعديل الأوزان في الشبكة تدريجياً - ونرى أننا نحصل في نهاية المطاف على شبكة تعيد إنتاج الوظيفة التي نريدها بنجاح. فكيف نعدِّل الأوزان إذاً؟ الفكرة الأساسية هي أن نعرف في كل مرحلة "مدى بُعدنا" عن الحصول على الوظيفة التي نريدها - ثم تحديث الأوزان بطريقة تجعلنا نقترب منها أكثر.

لكي نعرف "مدى بُعدنا"، نحتسب ما يسمّى عادة "دالة الخسارة" (أو "دالة الكلفة" أحياناً). نحن نستخدم هنا دالة خسارة بسيطة (L2) هي عبارة فقط عن مجموع تربيعات الفروق بين القيم التي نحصل عليها وبين القيم الحقيقية. وما نراه هو أنه مع تقدّم عملية تدريبنا، تتناقص دالة الخسارة تدريجياً (وفق "منحنى تعليم" يكون مختلفاً لكل مهمة مختلفة) - إلى أن نصل إلى نقطة تعيد فيها الشبكة (إلى تقدير تقريبي جيد على الأقل) إنتاج الوظيفة التي نريدها بنجاح:

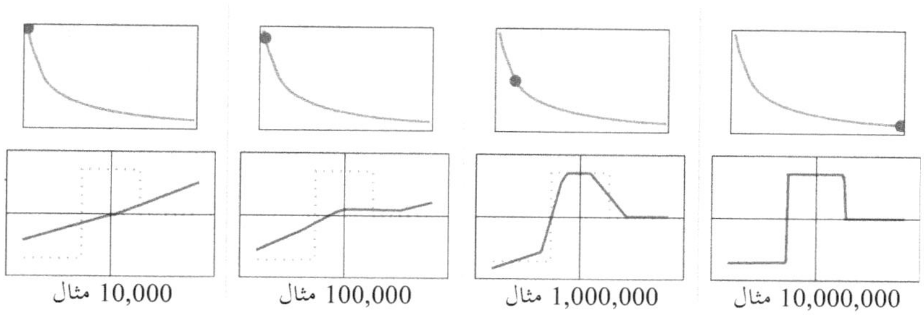

حسناً، آخر قطعة أساسية يجب شرحها هو كيفية تعديل الأوزان لتقليل دالة الخسارة. مثلما قلنا، تعطينا دالة الخسارة "مسافةً" بين القيم التي لدينا والقيم الحقيقية، لكن "القيم التي لدينا" تحدِّدها في كل مرحلة النسخة الحالية للشبكة العصبية - والأوزان التي فيها. لكن تخيَّل الآن أن الأوزان هي متغيّرات - لنقل w_i. نريد معرفة كيفية تعديل قيم تلك المتغيّرات لتقليل الخسارة التي تعتمد عليها.

مثلاً، تخيَّل (بتبسيط مذهل للشبكات العصبية النموذجية المستخدَمة في الممارسة العملية) أن لدينا وزنين فقط w_1 وw_2، وبالتالي قد تكون لدينا خسارة تبدو كدالةٍ لـ w_1 وw_2 كالتالي:

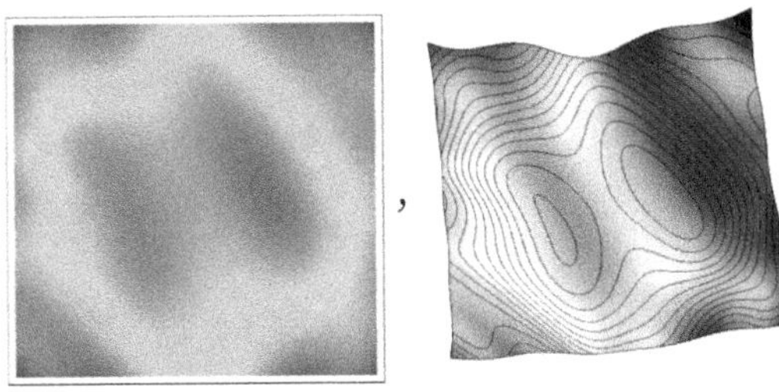

يزوِّد التحليل الرقمي مجموعةً متنوعةً من الأساليب لإيجاد الحد الأدنى في مثل هذه الحالات، لكن الأسلوب النموذجي هو مجرد أن نتّبع تدريجياً مسار الهبوط الأكثر انحداراً من أي قيمتين سابقتين كانت لدينا لـ w_1 وw_2:

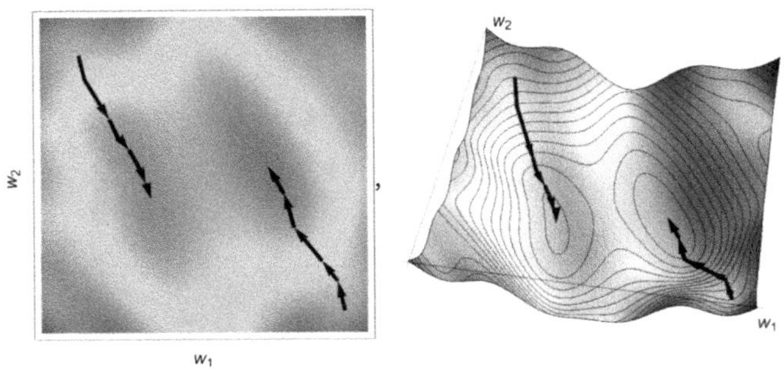

مثل المياه التي تتدفّق على سفح جبلٍ، كل ما هو مضمون هو أن هذا الإجراء سينتهي عند حدٍ أدنى محلي ما من السطح ("بحيرة جبلية")، وقد لا يصل إلى الحد الأدنى العالمي المُطلَق.

ليس واضحاً أنه سيكون من الممكن إيجاد مسار الهبوط الأكثر انحداراً في "منطقة الأوزان"، لكن التفاضل والتكامل متوفرٌ لإغاثتنا. مثلما ذكرَنا أعلاه، يستطيع المرء دائماً أن يتخيَّل الشبكة العصبية على أنها احتساب دالةٍ رياضيةٍ - تعتمد على مُدخَلاتها وأوزانها - لكن تخيَّل التمييز الآن بالنسبة لتلك الأوزان. لقد تبيَّن لنا أن قاعدة سلسلة التفاضل والتكامل السارية المفعول تتيح لنا "كشف" العمليات التي تقوم بها الطبقات المتوالية في الشبكة العصبية، والنتيجة هي أننا نستطيع - على الأقل في بعض التقدير التقريبي المحلي - أن "نعكس" عمل الشبكة العصبية، ونجد تدريجياً أوزاناً تقلّل الخسارة المقترنة بالإخراج.

توضِح الصورة أعلاه نوع التقليل الذي قد نحتاج إلى القيام به في الحالة البسيطة غير الواقعية المتمثلة بوجود وزنين فقط، لكن يتبيَّن أنه حتى مع وجود العديد من الأوزان الإضافية (يستخدم ChatGPT 175 ملياراً)، لا يزال من الممكن تنفيذ التقليل، على الأقل إلى مستوى ما من التقدير التقريبي. وقد كان التقدّم الباهر الكبير الذي تحقّق في عالم "التعلُّم المتعمِّق" حوالي عام 2012 مقترناً في الواقع بالاكتشاف بأن تنفيذ التقليل (التقريبي على الأقل) يمكن أن يكون أسهل إلى حد ما عندما يكون هناك الكثير من الأوزان بدلاً من وجود القليل منها.

بمعنى آخر – وبشكل غير بديهي بعض الشيء – يمكن أن يكون حل المشاكل الأكثر تعقيداً باستخدام الشبكات العصبية أسهل من حل المشاكل الأبسط، ويبدو أن السبب التقريبي لهذا هو أنه عندما يكون لدينا الكثير من "متغيّرات الأوزان"، يكون لدينا فضاءٌ عالي الأبعاد فيه "الكثير من الاتجاهات المختلفة" التي يمكن أن تقودنا إلى الحد الأدنى – بينما عند وجود عدد أقل من المتغيّرات، يصبح من الأسهل أن نعلق في نهاية المطاف عند حد أدنى محلي ("بحيرة جبلية") لا يوجد "اتجاه للخروج منه".

تجدر الإشارة إلى أنه يوجد في الحالات النموذجية العديد من مجموعات الأوزان المختلفة التي ستعطي كلها شبكات عصبية لها نفس الأداء تقريباً، وعادة ما يكون هناك الكثير من الخيارات العشوائية في التدريب العملاني للشبكات العصبية – وهذا يؤدي إلى "حلول مختلفة لكن متكافئة"، مثل هذه:

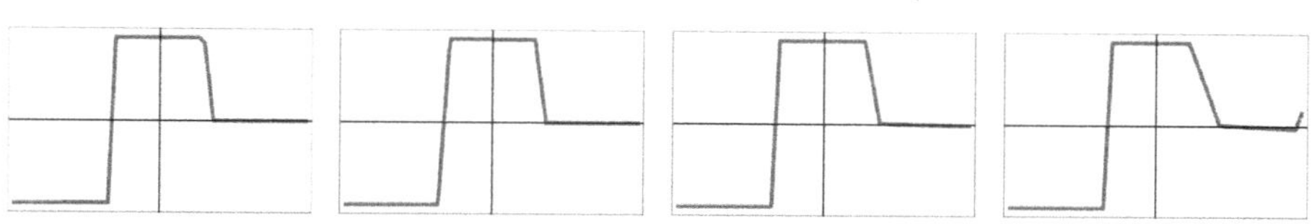

لكن سيكون لكل "حل مختلف" سلوكٌ مختلفٌ قليلاً على الأقل، وإذا طلبنا مثلاً "استقراءً خارجياً" خارج المنطقة التي قدّمنا فيها أمثلة تدريبية، يمكننا الحصول على نتائج مختلفة بشكل كبير:

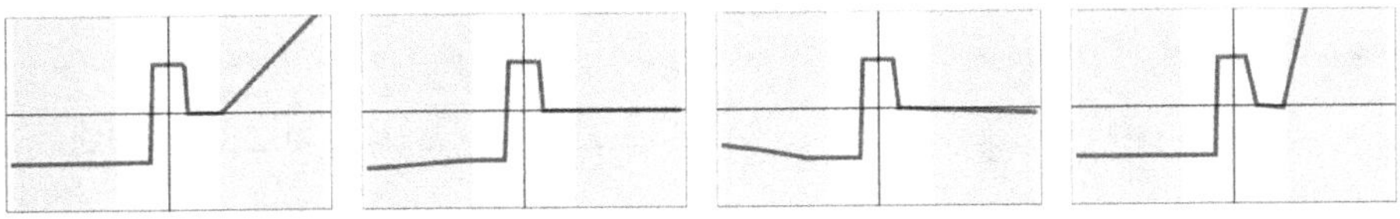

لكن أيٌ من هذه "صحيح"؟ لا توجد طريقة للحسم حقاً، فكلها "متناغمة مع البيانات المرصودة"، لكنها كلها تتناسب مع طرق "فطرية" مختلفة فيما يجب "القيام به بشكل خارج عن المألوف"، وقد يبدو لنا بعضها "معقولاً أكثر" من غيرها.

عملية تدريب الشبكات العصبية وتقاليدها

لقد حصل العديد من التطوّرات في فن تدريب الشبكات العصبية خلال العقد الماضي على وجه الخصوص، ونعم، هو فنٌ في الأساس. أحياناً - لا سيّما عند استذكار الأحداث الماضية - يستطيع المرء أن يرى على الأقل بصيصاً من "الشرح العلمي" لشيءٍ يتم القيام به، لكن تم اكتشاف أغلب الأشياء بطريقة التجربة والخطأ، مما أضاف أفكاراً وحيلاً ساهمت تدريجياً ببناء تقاليد مهمة حول كيفية العمل مع الشبكات العصبية.

هناك عدة أجزاء رئيسية. أولاً، هناك مسألة هندسة الشبكة العصبية التي يجب أن يستخدمها المرء لمهمةٍ معيّنةٍ، ثم هناك المسألة الحرِجة المتعلقة بكيفية حصول المرء على البيانات التي سيتم تدريب الشبكة العصبية عليها، عِلماً أن هذا التدريب أصبح بشكل متزايد لا يتم من الصفر: فبدلاً من ذلك، تستطيع الشبكة الجديدة إما أن تدمج بشكل مباشر شبكةً أخرى تم تدريبها من قبل، أو يمكنها على الأقل استخدام تلك الشبكة لتوليد المزيد من الأمثلة التدريبية لنفسها.

قد يظن المرء أنه سيحتاج لكل نوع معيّن من المهام إلى هندسة مختلفة للشبكة العصبية، لكن تبيَّن أن نفس الهندسة تعمل في أغلب الأحيان حتى للمهام التي تبدو مختلفة تماماً، وهذا يذكِّرنا إلى حد ما بفكرة الاحتساب الكونيّ (ومبدأي الخاص بالتكافؤ الحسابيّ)، لكنني أعتقد، مثلما سأناقش لاحقاً، أنها انعكاس لحقيقة أن المهام التي نحاول عادة جعل الشبكات العصبية تنفّذها هي مهام "بشرية" - وتستطيع الشبكات العصبية أن تلتقط "العمليات البشرية" العامة جداً.

في الأيام الأولى للشبكات العصبية، شاعت فكرة أنه علينا "جعل الشبكة العصبية تعمل بأقل قدر ممكن". مثلاً، عند تحويل الكلام إلى نص، كان يُعتقد أنه علينا تحليل صوت الكلام أولاً، وتقطيعه إلى فونيمات، وما إلى ذلك، لكن تبيَّن أنه من الأفضل عادة - "للمهام البشرية" على الأقل - مجرد محاولة تدريب الشبكة العصبية على "المشكلة بين طرفَي البداية والنهاية"، والسماح لها "باكتشاف" الميزات الوسيطة الضرورية، والتشفيرات، الخ لنفسها.

شاعت أيضاً فكرة أنه علينا إدخال مكوّنات فردية معقَّدة في الشبكة العصبية للسماح لها "بتطبيق أفكار خوارزميّة معيّنة بشكل صريح"، لكن تبيَّن مرة أخرى أن هذا لا يستحق العناء في الأغلب، بل من الأفضل مجرد التعامل مع مكوّنات بسيطة جداً وتركها "تنظِّم نفسها" (ولو تم ذلك بطرق لا يمكننا فهمها) لتحقيق (افتراضياً) ما يعادل تلك الأفكار الخوارزميّة.

هذا لا يعني أنه لا توجد "أفكار بنيوية" ذات صلة بالشبكات العصبية، وبالتالي فإن وجود مصفوفات ثنائية الأبعاد من العصبونات ذات الوصلات المحلية مثلاً يبدو مفيداً جداً، على الأقل في المراحل الأولى لعملية معالجة الصور. ويبدو أن وجود أنماط توصيل تركِّز على "النظر إلى الوراء في التسلسلات" مفيد - مثلما سنرى لاحقاً - في التعامل مع أشياء مثل اللغة البشرية، في ChatGPT مثلاً.

لكن هناك ميزة مهمة للشبكات العصبية هي أنها - مثل الكمبيوترات بشكل عام - تتعامل في نهاية المطاف مع بيانات فقط. والشبكات العصبية الحالية - بالأساليب الحالية لتدريب الشبكات العصبية - تتعامل بالتحديد مع مصفوفات أرقام، لكن يمكن أثناء المعالجة إعادة ترتيب تلك المصفوفات وإعادة تشكيلها بالكامل. وكمثال على ذلك، الشبكة التي استخدمناها أعلاه للتعرّف على الأعداد تبدأ بمصفوفة ثنائية الأبعاد "مشابهة للصور"، و"تتكاثف" بسرعة إلى قنوات عديدة، لكنها "تتركّز" بعد ذلك إلى مصفوفة أحادية الأبعاد ستحتوي في نهاية المطاف على عناصر تمثّل أعداد الإخراج المحتملة المختلفة:

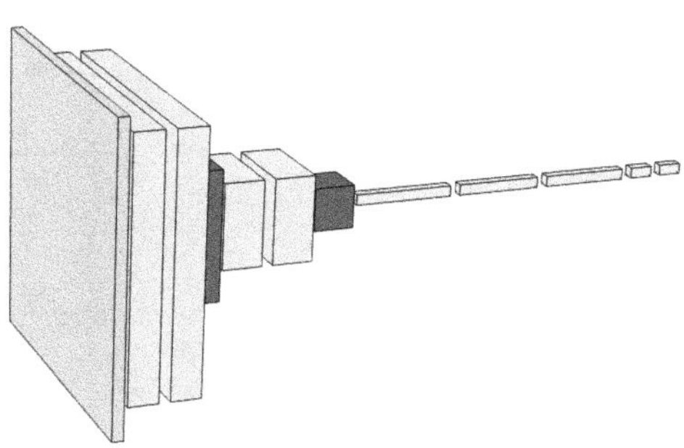

حسناً، لكن كيف يمكننا معرفة الحجم الذي يجب أن تكون عليه الشبكة العصبية

لمهمةٍ معيّنةٍ؟ هذا شيءٌ من الفن. النقطة الأساسية إلى حد ما هي معرفة "مدى صعوبة المهمة"، لكن من الصعب جداً عادة تقدير هذا للمهام البشرية. نعم، قد تكون هناك طريقة منهجية لكي ينفِّذ الكمبيوتر المهمة "ميكانيكياً"، لكن من الصعب معرفة إن كان هناك ما قد نعتبر أنها حيل أو وسائل مختصرة تتيح لنا تنفيذ المهمة عند "مستوى بشري" على الأقل بسهولة أكبر كثيراً. قد يتطلب الأمر تعداد شجرة لعبة [game tree، رسم بياني يمثل جميع الحالات الممكنة داخل اللعبة] عملاقة من أجل لعبها "ميكانيكياً"، لكن قد تكون هناك طريقة ("استكشافية") أسهل بكثير لتحقيق "اللعب على المستوى البشري".

عندما نتعامل مع شبكات عصبية صغيرة جداً ومهام بسيطة، يمكننا أن نرى بوضوح أحياناً أنه "لا يمكننا الوصول إلى هناك من هنا". مثلاً، إليك أفضل واحدة تبدو أنها قادرة على تنفيذ المهمة من القسم السابق باستخدام بضع شبكات عصبية صغيرة:

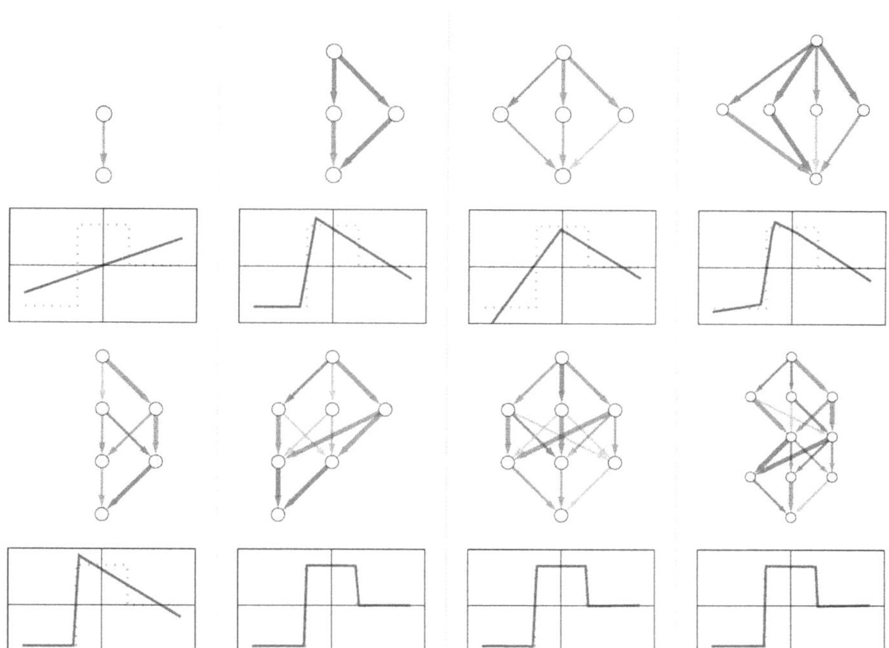

وما نراه هو أنه إذا كانت الشبكة صغيرة جداً، فلا يمكنها إعادة إنتاج الوظيفة التي نريدها، لكنها لن تعاني من مشكلة إذا كانت أكبر من حجمٍ معيّنٍ - على الأقل إذا درّبناها لفترة كافية ومع أمثلة كافية. وبالمناسبة، توضح هذه الصور جزءاً من تقاليد الشبكات العصبية: أنه يمكننا الإفلات من العواقب عند استخدام شبكة صغيرة في أغلب الأحيان إذا كان هناك "ضغط" في الوسط يجبر كل شيء على المرور عبر كمية وسيطة وأصغر من العصبونات. (الجدير بالذكر أيضاً أن الشبكات "الخالية من طبقة وسيطة" - أو ما يسمى "پرسپترون" - تستطيع أن تتعلّم الدالات الخطيّة الأساسية فقط - لكن حالما تصبح هناك طبقة وسيطة ولو واحدة فقط، من الممكن دائماً (من حيث المبدأ) أن نقارب أي وظيفة بشكل اعتباطي جيد، على الأقل إذا كان لدينا ما يكفي من عصبونات، لكن لجعلها قابلة للتدريب بشكل عمليّ، فإنه عادة ما يكون لدينا نوعٌ من النظامية أو التطبيع).

حسناً، لنفترض أننا اخترنا هندسة معيّنة للشبكة العصبية، ستبرز الآن مشكلة الحصول على البيانات لتدريبها عليها. إن العديد من التحديات العملانية حول الشبكات العصبية - والتعلّم الآلي بشكل عام - تركّز على اكتساب أو تحضير بيانات التدريب الضرورية، وسنريد في كثير من الحالات ("التعلُّم المُشرَف عليه") الحصول على أمثلة صريحة عن المُدخَلات والمُخرَجات التي نتوقُّعها منها. لذا فقد نريد، مثلاً، صوراً تم وسمها وفق محتوياتها أو وفق سمةٍ أخرى، وربما يتوجّب علينا تنفيذ عملية التوسيم بأنفسنا - وهذا يتطلّب جهداً كبيراً عادة - لكن كثيراً ما يتبيّن أنه من الممكن الاستعانة بشيء تم القيام به من قبل، أو استخدامه كنوع من الوكلاء. وبالتالي، قد نستخدم مثلاً الوسوم alt التي تم تزويدها للصور المتوفرة على الويب، أو قد نستخدم في مجالٍ مختلفٍ ترجمات الحوارات السينمائية التي تم إنشاؤها للفيديوهات، أو قد نستخدم - للتدريب على الترجمة بين اللغات - إصدارات متوازية لصفحات ويب أو مستندات أخرى موجودة بلغات مختلفة.

ما مقدار البيانات التي تحتاج إلى توفيرها لشبكةٍ عصبيةٍ لكي تدرّبها على مهمة معيّنة؟ مرة أخرى، من الصعب تقدير ذلك من المبادئ الأولى. يمكننا بالطبع تقليل

المتطلبات بشكل كبير عبر استخدام "التعلّم بالنقل" من أجل "نقل" أشياء مثل لوائح الميزات المهمة التي تم تعلّمها في شبكة أخرى من قبل، لكن الشبكات العصبية عموماً تحتاج إلى "رؤية الكثير من الأمثلة" لكي تتدرَّب جيداً، ومن إحدى النقاط المهمة في تقاليد الشبكات العصبية - لبعض المهام على الأقل - أن تكون الأمثلة تكرارية بشكل لا يُصدَّق، وهذه استراتيجية قياسية بالفعل أن تقدِّم للشبكة العصبية كل الأمثلة التي تملكها مراراً وتكراراً. في كل جولة من "جولات التدريب" (أو "الحقبات") تلك، ستصبح الشبكة العصبية في حالة مختلفة قليلاً على الأقل، وسيكون "تذكيرها" بمثال معيّن مفيداً بطريقة أو بأخرى في جعلها "تتذكَّر ذلك المثال". (ونعم، ربما هذا مشابهٌ لفائدة التكرار في الاستظهار البشري).

لكن مجرد تكرار نفس المثال مراراً وتكراراً غير كافٍ في أغلب الأحيان، بل من الضروري أيضاً تقديم تنويعات عن المثال إلى الشبكة العصبية، ومن سمات تقاليد الشبكات العصبية أنه ليس إلزامياً أن تكون تلك التنويعات في "تدعيم البيانات" معقَّدة لكي تكون مفيدة، فمجرد تعديل الصور قليلاً باستخدام المعالجة الأساسية للصور يمكن أن يجعلها "بنفس جودة الجديدة" لتدريب الشبكة العصبية. وبشكل مماثل، عندما تنفد لديك الفيديوهات الفعلية وغيرها من المواد لتدريب السيارات الذاتية القيادة، يمكنك مجرد الحصول على بيانات من تشغيل اختبارات المحاكاة في بيئة نموذجية تشبه بيئة ألعاب الفيديو من دون كل تفاصيل المشاهد الحقيقية الفعلية.

ماذا عن شيء مثل ChatGPT؟ حسناً، إنه يتمتّع بميزة لطيفة هي أنه يمكنه اعتماد "التعلُّم غير المُشرَف عليه"، مما يسهّل كثيراً إعطاءه أمثلة لكي يتدرَّب عليها. تذكّر أن مهمة ChatGPT الأساسية هي اكتشاف كيفية تكملة النص الذي يُعطى له. لذا للحصول على "أمثلة تدريبية"، كل ما عليك فعله هو الحصول على بعض النص، وإخفاء نهايته، ثم استخدام هذا كـ "إدخالٍ للتدريب" - حيث يكون "الإخراج" هو النص الكامل غير المخفي. سنناقش هذا أكثر لاحقاً، لكن النقطة الرئيسية هي أنه - خلافاً لتعلّم ما هو موجود في الصور مثلاً - لا حاجة إلى "توسيم علني"، بل يستطيع ChatGPT أن يتعلَّم مباشرة من أي أمثلة نصية تُعطى له.

حسناً، وماذا عن عملية التعلّم الفعلية في الشبكة العصبية؟ في النهاية، الأمر بأكمله يتعلّق بتحديد الأوزان التي تلتقط أفضل الأمثلة التدريبية التي تم تقديمها، وهناك كافة أصناف الخيارات التفصيلية و"إعدادات البارامترات الفائقة" (سُمّيت هكذا لأن الأوزان يمكن اعتبارها "بارامترات") التي يمكن استخدامها لتحسين كيفية القيام بذلك. هناك خيارات مختلفة لدالة الخسارة (مجموع التربيعات، مجموع القيم المُطلَقة، الخ)، وهناك طرق مختلفة لتقليل الخسارة (إلى أي مدى يجب التحرّك في فضاء الأوزان في كل خطوة، الخ)، ثم هناك أسئلة مثل حجم "دُفعة" الأمثلة التي يجب إظهارها للحصول على كل تقدير متوالي للخسارة التي نحاول تقليلها. ونعم، يمكننا تطبيق التعلّم الآلي (مثلما نفعل مثلاً في لغة وولفرام) لأتمتة التعلّم الآلي - ولضبط الأشياء تلقائياً مثل البارامترات الفائقة.

لكن في النهاية، يمكن تمييز عملية التدريب بأكملها برؤية كيف تتناقص الخسارة تدريجياً (كما هو الحال في مراقب التقدّم التالي بلغة وولفرام لتدريبٍ صغيرٍ):

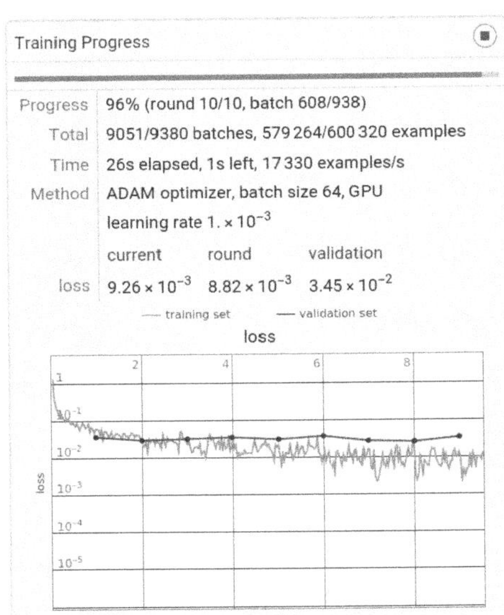

وما نراه عادة هو أن الخسارة تتناقص لفترة من الوقت، لكنها تستوي في نهاية المطاف عند قيمةٍ ثابتةٍ. إذا كانت تلك القيمة صغيرة بما فيه الكفاية، يمكننا عندها

اعتبار التدريب ناجحاً؛ وإلا فإن هذه على الأرجح دلالة على أنه علينا أن نحاول تغيير هندسة الشبكة.

هل يمكننا أن نعرف المدة الزمنية التي يجب أن يستغرقها "منحنى التعلّم" حتى يستوي؟ كما هو الحال بالنسبة للكثير من الأمور الأخرى، يبدو أن هناك علاقات تقريبية لضبط مقياس قانون الأس تعتمد على حجم الشبكة العصبية وكمية البيانات التي نستخدمها، لكن الاستنتاج العام هو أن تدريب الشبكة العصبية أمر صعب – ويتطلّب الكثير من الجهد الحسابيّ. ومن الناحية العملانية، يتم بذل القسم الأكبر من ذلك الجهد على إنجاز العمليات على مصفوفات الأرقام، وهو ما تجيده وحدات معالجة الرسوم (GPU) – لهذا السبب يكون تدريب الشبكة العصبية محدوداً عادة بمدى توفّر وحدات معالجة الرسوم.

هل ستكون هناك طرق أفضل في المستقبل لتدريب الشبكات العصبية – أو لفعل عموماً ما تفعله الشبكات العصبية؟ أعتقد ذلك بكل تأكيد. تتمثّل الفكرة الأساسية للشبكات العصبية بإنشاء "نسيج حوسبة" مرن من عدد كبير من المكوّنات البسيطة (متماثلة في الأساس) – وجعل ذلك "النسيج" عنصراً يمكن تعديله بشكل متزايد لكي يتعلَّم من الأمثلة. في الشبكات العصبية الحالية، نستخدم في الأساس أفكار حساب التفاضل والتكامل – مطبَّقة على أرقام حقيقية – لتنفيذ ذلك التعديل المتزايد، لكن من الواضح أكثر فأكثر أن وجود أرقام عالية الدقة لا يهمّ، حيث إن الدقة 8 بت أو أقل قد تكون كافية حتى مع الطرق الحالية.

مع الأنظمة الحسابيّة (مثل التشغيل الذاتي [الأوتوماتا] الخليوي) التي تعمل مبدئياً بالتوازي على العديد من البتات الفردية، لم يكن من الواضح أبداً كيفية تنفيذ هذا النوع من التعديل المتزايد، لكن لا يوجد أي سبب للاعتقاد بأن ذلك غير ممكن. وفي الواقع، كما هو الحال مع "التقدّم الباهر الذي تحقّق في عالم التعلُّم المتعمِّق في عام 2012"، قد يكون هكذا تعديل متزايد أسهل في الحالات المعقَّدة مما هو عليه في الحالات البسيطة.

يتم إعداد الشبكات العصبية – ربما مثل الأدمغة إلى حد ما – بحيث تحتوي على

شبكة ثابتة من العصبونات، مع تعديل قوة ("وزن") الوصلات بينها (ربما في أدمغة الشباب على الأقل، يمكن أن تنمو أيضاً أعدادٌ كبيرةٌ من الوصلات الجديدة كلياً)، لكن في حين أن هذا الإعداد قد يكون مناسباً للبيولوجيا، إلا أنه ليس واضحاً أبداً أنه حتى قريب من أفضل طريقة لتحقيق الوظائفية التي نحتاج إليها. وأي شيء يستلزم المرادف لإعادة كتابة شبكةٍ تدريجيةٍ (ربما يذكّرنا بمشروع الفيزياء الخاص بنا) قد يكون أفضل في نهاية المطاف.

لكن حتى ضمن هياكل الشبكات العصبية الحالية، هناك محدودية مصيرية حالياً: تدريب الشبكات العصبية مثلما يجري الآن تسلسليٌ في الأساس، مع إعادة نشر تأثيرات كل دُفعة أمثلة لتحديث الأوزان. وبالفعل مع أجهزة الكمبيوتر الحالية - حتى مع أخذ وحدات معالجة الرسوم بعين الاعتبار - يبقى القسم الأكبر من الشبكة العصبية "خاملاً" معظم الوقت خلال التدريب، مع تحديث جزء واحد فقط في كل مرة، وسبب هذا إلى حد ما هو لأن كمبيوتراتنا الحالية تميل إلى أن تحتوي على ذاكرة منفصلة عن وحدات معالجتها المركزية (أو وحدات معالجة الرسوم التي فيها)، لكن من المفترض أن الأمر مختلف في الأدمغة - فكل "عنصر ذاكرة" (أي، عصبون) هو أيضاً عنصر حسابيّ يكون نشطاً على الأرجح، وإذا استطعنا إعداد أجهزة كمبيوتراتنا المستقبلية بهذه الطريقة، قد يصبح من الممكن تنفيذ التدريب بفعالية أكبر بكثير.

"بالتأكيد أن شبكة كبيرة بما فيه الكفاية يمكنها أن تفعل أي شيء!"

تبدو قدرات شيء مثل ChatGPT مثيرة للإعجاب لدرجة أننا قد نتخيَّل أنه إذا استطعنا مجرد "الاستمرار" وتدريب شبكات عصبية أكبر وأكبر، فسنصبح قادرين في نهاية المطاف على "فعل كل شيء". وإذا اهتمّينا بأشياء يسهل على التفكير البشري المباشر الوصول إليها، فمن المحتمل جداً أن يكون هذا هو الحال، لكن الدرس الذي تعلّمناه من مئات السنين الماضية من العلوم هو أن هناك أشياء يمكن اكتشافها من خلال عمليات رسمية، لكن التفكير البشري المباشر لا يستطيع الوصول إليها بسهولة.

الرياضيات غير البديهية هي أحد الأمثلة الكبيرة، لكن الحالة العامة هي العمليات الحسابية حقاً، والقضية في نهاية المطاف هي ظاهرة عدم إمكانية الاختزال الحسابيّ. هناك بعض العمليات الحسابية التي قد نعتقد أن تنفيذها يتطلّب خطوات عديدة، لكن يمكن "اختزالها" في الواقع إلى شيء مباشر جداً، بَيد أن اكتشاف عدم إمكانية الاختزال الحسابيّ تعني أن هذا لا ينجح دائماً. وبدلاً من ذلك، هناك عمليات - ربما مثل العملية أدناه - تتطلب حتماً تتبّع كل خطوة حسابيّة لكي نعرف ما يجري فيها:

من المفترض أننا نختار بالتحديد أنواع الأشياء التي ننجزها عادة بأدمغتنا لتجنُّب عدم إمكانية الاختزال الحسابيّ، فتنفيذ الرياضيات في دماغنا يتطلّب جهداً خاصاً، ومن المستحيل عملياً "التفكير ملياً" بخطوات أي برنامج غير بديهي في دماغنا فقط.

لكن بالطبع لدينا الكمبيوترات لهذه الأمور، فهي تمكّننا من تنفيذ أشياء طويلة وغير قابلة للاختزال حسابياً بسهولة، والنقطة الرئيسية هي أنه لا يوجد بشكل عام طرق مختصرة لهذه.

نعم، يمكننا استظهار الكثير من الأمثلة المحدَّدة لما يجري في نظام حسابيّ معيّن، وربما يمكننا حتى رؤية بعض الأنماط ("القابلة للاختزال حسابياً") التي ستتيح لنا أن نُجري بعض التعميم، لكن النقطة المهمة هي أن عدم إمكانية الاختزال الحسابيّ يعني أنه لا يمكننا أبداً ضمان عدم حصول ما هو غير متوقَّع - وفقط من خلال إنجاز العملية الحسابية بشكل صريح، يمكننا معرفة ما يجري بالفعل في أي حالة معيّنة.

وفي النهاية، يوجد فقط توتّر أساسي بين قابلية التعلّم وعدم إمكانية الاختزال الحسابيّ، فالتعلّم يستلزم في الواقع ضغط البيانات من خلال تقوية الانتظام، لكن عدم إمكانية الاختزال الحسابيّ يعني في نهاية المطاف وجود حدود لما قد يكون هناك من انتظام.

من الناحية العملانية، يمكننا أن نتخيَّل بناء أجهزة حسابيّة صغيرة - مثل التشغيل الذاتي الخليوي أو آلات تورنغ - في أنظمة قابلة للتدريب مثل الشبكات العصبية. وبالفعل، يمكن لهكذا أجهزة أن تكون بمثابة "أدوات" جيدة للشبكة العصبية - مثل وولفرام|ألفا التي يمكن أن تكون أداة جيدة لـ ChatGPT - لكن عدم إمكانية الاختزال الحسابيّ يعني أنه لا يمكننا أن نتوقَّع "الدخول إلى" تلك الأجهزة وجعلها تتعلَّم.

أو بعبارة أخرى، هناك مقايضة مُطلقَة بين القدرة وقابلية التدريب: كلما أردت أن يستخدم النظام قدراته الحسابيّة "استخداماً حقيقياً" أكثر، كلما أظهرَ عدم قدرته على الاختزال الحسابيّ، وكلما قلّت قابلية تدريبه. وكلما زادت قابلية تدريبه في الأساس، كلما قلّت قدرته على إنجاز عمليات حسابية معقّدة.

(بالنسبة لـ ChatGPT في حالته الحالية، فإن الوضع في الواقع أكثر تطرّفاً بكثير، لأن الشبكة العصبية المستخدَمة لتوليد كل تأشيرة إخراج هي شبكة "تغذية أمامية" خالصة، من دون حلقات، وبالتالي ليست لديها القدرة على إنجاز أي نوع من

العمليات الحسابية مع "سير غير بديهي لعملية التحكّم").

قد نتساءل بالطبع عما إذا كان من المهم حقاً أن نكون قادرين على إنجاز عمليات حسابية غير قابلة للاختزال، فهذا لم يكن أمراً مهماً بشكل خاص في معظم مراحل التاريخ البشري، لكن عالمنا التكنولوجي العصري يعتمد على هندسة تستخدم عمليات حسابية رياضية على الأقل - وبشكل متزايد أيضاً عمليات حسابية عامة أكثر. وإذا نظرنا إلى العالم الطبيعي، سنجد أنه مليء بعمليات حسابية غير قابلة للاختزال - التي نفهم ببطء كيفية مضاهاتها واستخدامها لأهدافنا التكنولوجية.

نعم، تستطيع الشبكة العصبية بالتأكيد أن تلاحظ أنواع الانتظام في العالم الطبيعي التي قد نلاحظها بسهولة أيضاً مع "التفكير البشري غير المدعوم"، لكن إذا أردنا معرفة أشياء هي في صُلب العلوم الرياضية أو الحسابيّة، فلن تكون الشبكة العصبية قادرة على فعل ذلك - إلا إذا "استخدمت كأداةٍ" نظاماً حسابيّاً "عادياً".

لكن هناك شيء قد يكون محيّراً في كل هذا، فقد كان هناك في الماضي الكثير من المهام - من بينها كتابة المقالات - التي افترضنا بطريقة أو بأخرى أنها "صعبة جداً" على الكمبيوترات، لكن بعد أن رأينا الآن أمثال ChatGPT تنفّذها، بدأنا نميل فجأة إلى الاعتقاد أن الكمبيوترات أصبحت بلا شك أكثر قوة إلى حد كبير - وتتفوّق بالأخص على الأشياء التي كانت قادرة على فعلها من قبل (مثل الحوسبة التدريجية لسلوك الأنظمة الحسابيّة مثل التشغيل الذاتي الخليوي).

لكن هذا ليس الاستنتاج الصحيح الذي يمكننا استخلاصه، فالعمليات غير القابلة للاختزال حسابياً لا تزال غير قابلة للاختزال حسابياً، ولا يزال تنفيذها صعباً على الكمبيوترات - حتى لو كانت الكمبيوترات قادرة على احتساب خطواتها الفردية بسهولة. ما يجب أن نستنتجه بدلاً من ذلك هو أن المهام - مثل كتابة المقالات - التي نستطيع نحن البشر إنجازها لكننا لم نعتقد أن الكمبيوترات قادرة على إنجازها، هي في الواقع أسهل حسابياً إلى حد ما مما كنا نظن.

بعبارة أخرى، السبب وراء نجاح الشبكة العصبية في كتابة المقالات هو أنه تبيَّن لنا أن كتابة المقالات مشكلةٌ "سطحيةٌ حسابياً" أكثر مما كنا نظن، وهذا يقرّبنا نوعاً ما

من "طرح نظرية" حول كيفية استطاعتنا نحن البشر من فعل أشياء مثل كتابة المقالات، أو التعامل مع اللغة بشكل عام.

لو كانت لديك شبكة عصبية كبيرة كفاية وقتها، فلربما كنتَ قادراً على فعل أي شيء يستطيع البشر فعله بسهولة، لكنك لن تتلقّف ما يستطيع العالم الطبيعي فعله بشكل عام - أو ما تستطيع الأدوات التي صنعناها من العالم الطبيعي فعله. إن استخدام تلك الأدوات - العملانية والمفاهيمية على حد سواء - هو الذي مكّننا في القرون الأخيرة من تجاوز حدود ما يستطيع "الفكر البشري الخالص غير المدعوم" من الوصول إليه، وتلقُّف المزيد من الأشياء الموجودة في العالَمين المادي والحسابيّ للأهداف البشرية.

مفهوم التضمينات

ترتكز الشبكات العصبية – مثلما تم إعدادها حالياً على الأقل – على الأرقام في الأساس، لذا إذا أردنا استخدامها للعمل على شيء مثل نصٍ، فسنحتاج إلى طريقة لتمثيل نصنا بالأرقام. ويمكننا أن نبدأ بالطبع (مثلما يفعل ChatGPT في الأساس) بمجرد تعيين رقم لكل كلمة في القاموس، لكن هناك فكرة مهمة – وهي مركزية لـ ChatGPT مثلاً – تتخطى ذلك، ألا وهي فكرة "التضمينات" (embeddings). يمكننا اعتبار التضمين كطريقة لمحاولة تمثيل "جوهر" أحد الأشياء بمصفوفة أرقامٍ – مع خاصية أن "الأشياء القريبة" يتم تمثيلها بأرقام قريبة.

وبالتالي يمكننا مثلاً اعتبار تضمين الكلمات على أنها محاولة لوضع تلك الكلمات في نوعٍ من "فضاء المعاني" بحيث أن الكلمات التي تكون بطريقة أو بأخرى "متقاربة في المعنى" تظهر قريبة في التضمين. إن التضمينات الفعلية التي تُستخدَم – في ChatGPT مثلاً – تميل إلى شمل لوائح كبيرة من الأرقام، لكن إذا قمنا بعملية إسقاط تصغيرية إلى الأبعاد الثنائية، يمكننا إظهار أمثلة عن كيفية وضع التضمين للكلمات:

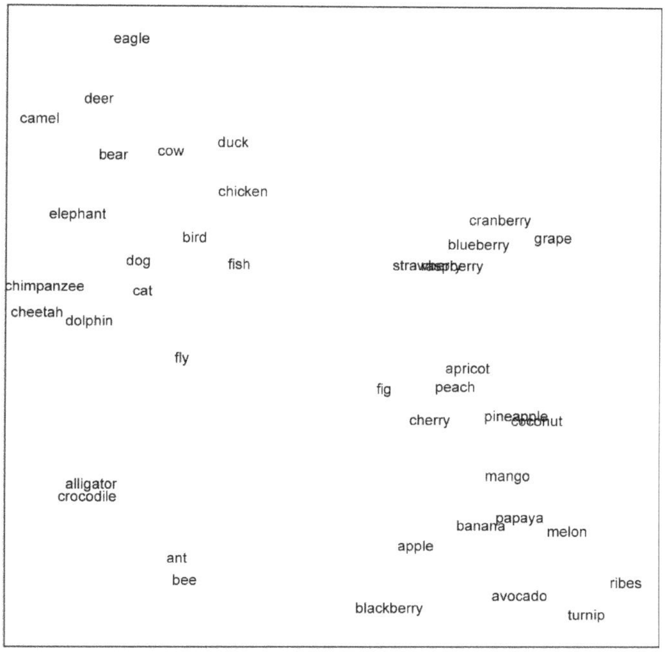

وما نراه يحقّق فعلاً أداءً جيداً جداً في تجسيد الانطباعات اليومية النموذجية، لكن كيف يمكننا إنشاء هكذا تضمين؟ تقتضي الفكرة تقريباً بالنظر إلى كميات كبيرة من النص (هنا 5 مليارات كلمة من الويب) ثم رؤية "مدى تشابه البيئات" التي تظهر فيها الكلمات المختلفة. لذا، مثلاً، غالباً ما تظهر الكلمتان "تمساح" و"قاطور" بشكل متبادل تقريباً في الجمل المتشابهة، وهذا يعني أنهما ستوضعان متقاربتين في التضمين. لكن الكلمتين "لفت" و"نسر" لن تميلا إلى الظهور في الجمل المتشابهة، لذا ستوضعان بعيدتين عن بعضهما في التضمين.

لكن كيف نطبّق شيئاً كهذا باستخدام الشبكات العصبية؟ لنبدأ بالحديث عن تضمين ليس كلمات بل صور. نريد إيجاد طريقة ما لتمييز الصور بلوائح أرقام بحيث يتم تعيين لوائح أرقام متشابهة "للصور التي نعتبرها متشابهة".

كيف نعرف إن كان علينا أن "نعتبر الصور متشابهة" أم لا؟ حسناً، إذا كانت صورنا، مثلاً، هي لأعدادٍ مكتوبةٍ بخط اليد، يمكننا عندها "اعتبار أي صورتين متشابهتين" إذا كانتا لنفس العدد. لقد ناقشنا سابقاً شبكةً عصبيةً تم تدريبها للتعرّف على الأعداد المكتوبة بخط اليد، ويمكننا اعتبار أن تلك الشبكة العصبية مُعدَّة بحيث تضع الصور في 10 سلال مختلفة في إخراجها النهائي، مع تخصيص سلة لكل عدد.

لكن ماذا لو "اعترضنا سبيل" ما يجري داخل الشبكة العصبية قبل اتخاذها القرار النهائي "بأنه العدد 4 مثلاً"؟ قد نتوقّع أنه توجد أرقام داخل الشبكة العصبية تميّز الصور بأنها "تشبه العدد 4 في الأغلب، لكنها تشبه العدد 2 قليلاً" أو شيء من هذا القبيل، والفكرة هي التقاط مثل هذه الأرقام لاستخدامها كعناصر في التضمين.

لذا إليك المفهوم. بدلاً من محاولة تحديد "ما هي الصورة القريبة من أي صورة أخرى" مباشرة، سنأخذ بدلاً من ذلك مهمة واضحة المعالم (في هذه الحالة التعرّف على الأعداد) يمكننا الحصول على بيانات تدريب صريحة لها – ثم استخدام حقيقة أنه بإنجازها هذه المهمة، يجب على الشبكة العصبية ضمنياً اتخاذ "قرارات القُرب". لذا بدلاً من أن نضطر إلى الحديث عن "قُرب الصور" صراحةً، سنتحدث فقط عن السؤال الملموس حول العدد الذي تمثِّله الصورة، ثم "نترك على عاتق الشبكة العصبية"

أن تحدِّد ضمنياً ما يعنيه ذلك عن "قُرب الصور".

إذاً ما هي التفاصيل الإضافية لطريقة عمل هذا لشبكة التعرّف على الأعداد؟ يمكننا أن تخيّل أن الشبكة تتألف من 11 طبقة متتالية يمكن تلخيصها بشكل رسومي كالتالي (مع إظهار دالات التنشيط على شكل طبقات منفصلة):

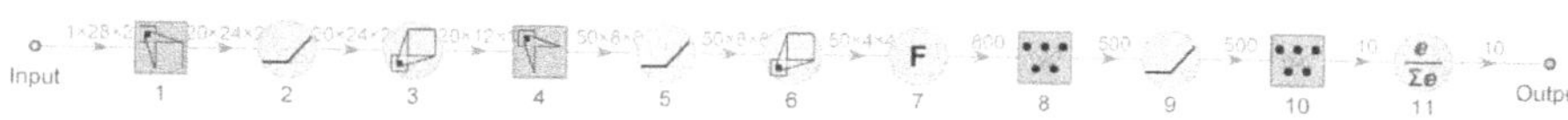

نقوم في البداية بإعطاء الطبقة الأولى صوراً فعليةً ممثّلةً بمصفوفات ثنائية الأبعاد تتضمن قيم البكسلات، ثم نحصل في النهاية – من الطبقة الأخيرة – على مصفوفة تتضمن 10 قيم يمكننا تخيُّل أنها تحدِّد "مدى يقين" الشبكة من أن كل صورة تتناسب مع كل عدد من الأعداد 0 إلى 9.

قدِّم الصورة  وستكون قيم العصبونات في تلك الطبقة الأخيرة هي:

$\{1.42071\times10^{-22}, 7.69857\times10^{-14}, 1.9653\times10^{-16}, 5.55229\times10^{-21}, 1., 8.33841\times10^{-14}, 6.89742\times10^{-17}, 6.52282\times10^{-19}, 6.51465\times10^{-12}, 1.97509\times10^{-14}\}$

بمعنى آخر، ستكون الشبكة العصبية عند هذه النقطة "متأكدة بشكل لا يُصدَّق" أن هذه الصورة هي العدد 4 – وللحصول على الإخراج "4" فعلاً، ما علينا سوى اختيار موضع العصبون الذي له أكبر قيمة.

لكن ماذا لو نظرنا إلى خطوة سابقة؟ العملية الأخيرة في الشبكة تسمى softmax، وهي تحاول أن "تفرض اليقين"، لكن قبل تطبيق ذلك، ستكون قيم العصبونات هي:

$\{-26.134, -6.02347, -11.994, -22.4684, 24.1717, -5.94363, -13.0411, -17.7021, -1.58528, -7.38389\}$

لا يزال للعصبون الذي يمثّل "4" أعلى قيمة رقمية، لكن هناك أيضاً معلومات في قيم العصبونات الأخرى، ويمكننا أن نتوقَّع أنه يمكن استخدام لائحة الأرقام هذه لتمييز "جوهر" الصورة – وبالتالي تزويد شيء يمكننا استخدامه كتضمينٍ. وهكذا، مثلاً، لكل عدد من الأعداد 4 هنا "توقيع" (أو "تضمين ملامح") مختلف قليلاً – كلها مختلفة تماماً للأعداد 8:

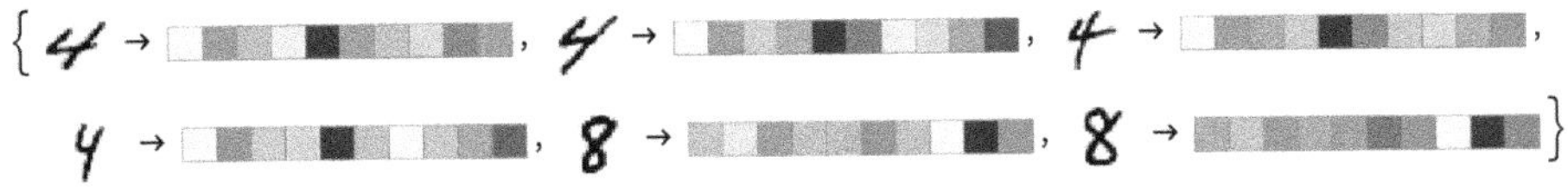

نحن نستخدم هنا في الأساس 10 أرقام لتمييز صورنا، لكن غالباً ما يكون أفضل استخدام أكثر من ذلك بكثير. مثلاً، في شبكة التعرّف على الأعداد الخاصة بنا، يمكننا الحصول على مصفوفة من 500 رقم من خلال الاستفادة من الطبقة السابقة، وهذه على الأرجح مصفوفةٌ معقولةٌ لاستخدامها كـ "تضمين للصور".

إذا أردنا تقديم تصوّر صريح لـ "فضاء الصور" للأعداد المكتوبة بخط اليد، نحتاج إلى "تقليل البُعد"، وذلك من خلال إسقاط المتّجه ذي الأبعاد الخمسمئة الذي لدينا إلى، مثلاً، فضاءٍ ثلاثي الأبعاد:

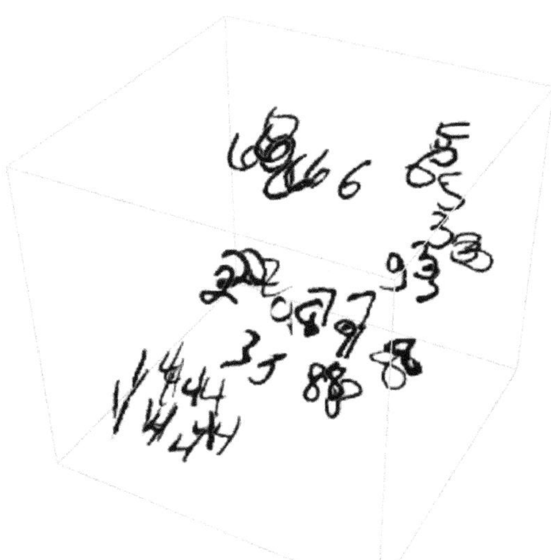

لقد تحدثنا للتو عن إنشاء تمييز (وبالتالي تضمين) للصور استناداً إلى تعريف الشبه بين الصور من خلال تحديد ما إذا كانت تتوافق (وفقاً لمجموعة تدريبنا) مع نفس العدد المكتوب بخط اليد. ويمكننا أن نفعل الشيء نفسه للصور بشكل عمومي أكثر بكثير إذا كانت لدينا مجموعة تدريب تعرّف، مثلاً، ما نوع كل صورة من بين 5000 نوع شائع من الأشياء (قطة، كلب، كرسي، ...). ويمكننا بهذه الطريقة أن نُجري

عملية تضمين للصور "ترتكز" على تعريفنا للأشياء الشائعة، لكنها بعد ذلك "تعمِّم حول ذلك" وفقاً لسلوك الشبكة العصبية. والنقطة المهمة هي أنه بقدر ما يتماشى هذا السلوك مع كيفية لحظنا وتفسيرنا نحن البشر للصور، فإن هذا الأمر سينتهي به المطاف أن يكون تضميناً "يبدو صحيحاً لنا"، وهو مفيد عملياً في إنجاز المهام "المشابهة لأحكام البشر".

حسناً، كيف نتبع إذاً نفس نوع الأسلوب لنجد تضميناتٍ للكلمات؟ السر هو بأن نبدأ من مهمةٍ عن كلمات يمكننا التدريب عليها بسهولة، والمعيار القياسي لهكذا مهمة هو "توقّع الكلمة". تخيَّل أنه تم إعطاؤنا الجملة "the ___ cat". بناءً على مجموعة كبيرة من النصوص (المحتوى النصي للويب مثلاً)، ما هي احتمالات الكلمات المختلفة التي يمكنها أن "تملأ الفراغ"؟ أو بدلاً من ذلك، إذا تم إعطاؤنا الجملة "___ black ___"، ما هي احتمالات "الكلمات المرافقة" المختلفة؟

كيف نُعدّ هذه المشكلة لشبكةٍ عصبيةٍ؟ علينا صياغة كل شيء على أساس الأرقام في نهاية المطاف، وإحدى الطرق لتحقيق ذلك هي بمجرد تعيين رقم فريد لكل كلمة من الكلمات الشائعة في اللغة الإنكليزية البالغ عددها حوالي 50,000 كلمة. لذا مثلاً، "the" قد تكون 914، و"cat " (مع فراغ قبلها) قد تكون 3542 (هذه هي الأرقام الفعلية التي يستخدمها GPT-2). لذا بالنسبة لمشكلة "the ___ cat"، قد يكون إدخالنا {914, 3542}. ماذا يجب أن يكون الإخراج؟ حسناً، يجب أن يكون لائحةً من حوالي 50,000 رقمٍ تعطي احتمال كل كلمة من الكلمات المحتملة "التي تملأ الفراغ". ولإيجاد تضمينٍ مرة أخرى، نريد أن "نعترض سبيل الجزء الداخلي" للشبكة العصبية قبل أن "تصل إلى استنتاجها" – ثم نلتقط لائحة الأرقام التي تتواجد هناك والتي يمكننا أن نعتبر أنها "تميّز كل كلمة".

حسناً، كيف تبدو تلك التمييزات إذاً؟ على مدى السنوات العشر الماضية، تم تطوير سلسلة من الأنظمة المختلفة (word2vec، GloVe، BERT، GPT، ...)، وكل نظام منها يعتمد أسلوباً مختلفاً للشبكة العصبية، لكنها كلها في نهاية المطاف تأخذ الكلمات وتميّزها بلوائح تتضمن مئات إلى آلاف الأرقام.

إن "متّجهيات التضمين" تلك غير مفيدة تماماً في شكلها الخام. مثلاً، إليك متّجهيات التضمين الخام التي يُنتِجها GPT-2 لثلاث كلمات محدَّدة:

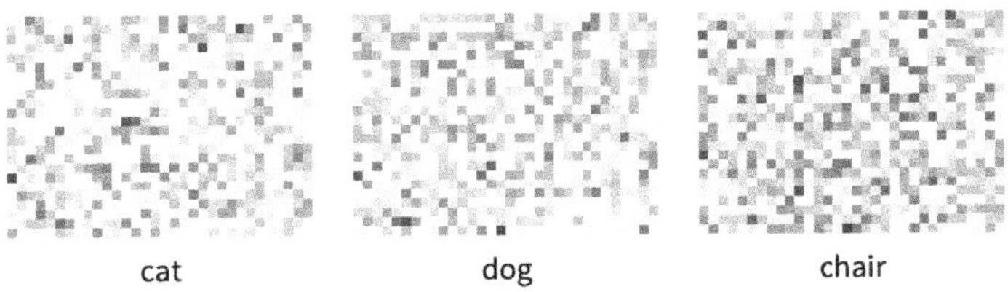

إذا قمنا بأشياء مثل قياس المسافات بين هذه المتّجهيات، يمكننا عندها معرفة أشياء مثل "قُرب" الكلمات. سنناقش لاحقاً ما يمكن أن نعتبره الأهمية "الإدراكيّة" لهكذا تضمينات بمزيد من التفصيل، لكن النقطة الرئيسية في الوقت الحاضر هي أنه لدينا طريقة مفيدة لتحويل الكلمات إلى مجموعات أرقام "صديقة للشبكة العصبية".

لكن يمكننا في الواقع الذهاب إلى أبعد من مجرد تمييز الكلمات من خلال مجموعات أرقام، حيث يمكننا أن نفعل ذلك لتسلسلات من الكلمات أيضاً، أو لكتل كاملة من النص. هذه هي الطريقة التي يتعامل بها ChatGPT مع الأمور، حيث يأخذ النص الذي لديه حتى الآن، ويولِّد متّجهي تضمين لتمثيله، ثم يضع هدفاً لنفسه هو إيجاد احتمالات الكلمات المختلفة التي يمكنها أن تُكمل النص، ويقدِّم جوابه على هذا على هيئة لائحة أرقام تحدِّد احتمال كل كلمة من الكلمات الممكنة البالغ عددها حوالي 50,000 كلمة.

(لا يتعامل ChatGPT مع الكلمات حصراً، بل مع "تأشيرات" – وحدات لغوية ملائمة قد تكون كلمات كاملة، أو قد تكون مجرد قِطع مثل "pre" أو "ing" أو "ized". إن العمل مع التأشيرات يسهّل على ChatGPT أن يتعامل مع الكلمات النادرة والمركَّبة وغير الإنكليزية، وأن يخترع كلمات جديدة في بعض الأحيان، مهما تكن الأحوال والظروف).

داخل ChatGPT

حسناً، لقد أصبحنا جاهزين أخيراً لمناقشة ما بداخل ChatGPT، الذي هو في النهاية شبكة عصبية عملاقة – حالياً نسخة مما يسمى شبكة GPT-3 مع 175 مليار وزنٍ. إن هذه الشبكة العصبية مشابهة كثيراً في نواحٍ عديدةٍ للشبكات العصبية الأخرى التي ناقشناها، لكنها شبكة عصبية تم إعدادها خصيصاً للتعامل مع اللغة، وأبرز ما يميّزها هو جزء من هندسة الشبكات العصبية يسمّى "محوِّلاً" (transformer).

في الشبكات العصبية الأولى التي ناقشناها أعلاه، كان كل عصبون في كل طبقة موصولاً مبدئياً (مع بعض الوزن على الأقل) بكل عصبون في الطبقة التي قبلها، لكن هذا النوع من الشبكات الموصولة بالكامل يُعتبر مبالغةً (افتراضياً) إذا كنا نعمل مع بيانات لها بنية معيّنة معروفة. لذا، مثلاً، في المراحل الأولى للتعامل مع الصور، من المعتاد استخدام ما يسمى بالشبكات العصبية الإلتفافية ("convnets") حيث تُوضع فيها العصبونات على شبيكة مشابهة للبكسلات التي في الصورة – وتكون موصولة فقط بالعصبونات القريبة على الشبيكة.

تهدف فكرة المحوِّلات إلى القيام بشيء مشابه إلى حد ما على الأقل لتسلسلات التأشيرات التي تؤلّف بعض النص، لكن بدلاً من مجرد تعريف منطقة ثابتة في التسلسل الذي يمكن أن تتواجد فيه وصلات، تقدِّم المحوِّلات بدلاً من ذلك مفهوم "الانتباه" – وفكرة "الانتباه" إلى بعض أجزاء التسلسل أكثر من غيرها. ربما سيكون من المنطقي يوماً ما أن نبدأ بشبكة عصبية عامة فقط، ثم نُجري كل عمليات التخصيص من خلال التدريب، لكن يبدو أنه من المهم عملياً حتى الآن على الأقل جعل الأشياء "وحداتية" – مثلما تفعل المحوِّلات، وربما مثلما تفعل أدمغتنا أيضاً.

حسناً، ما الذي يفعله ChatGPT (أو بالأحرى شبكة GPT-3 التي يرتكز عليها) إذاً؟ تذكّر أن هدفه الإجمالي هو تكملة النص بطريقة "معقولة"، بناءً على ما رآه من التدريب الذي خضع له (والذي هو عبارة عن النظر إلى مليارات صفحات النص على الويب، الخ)، لذا سيتوفّر لديه دائماً قدرٌ معيّنٌ من النص – وهدفه هو التوصل إلى خيار ملائم للتأشيرة التالية التي عليه إضافتها.

إنه يعمل على ثلاث مراحل أساسية. أولاً، يأخذ تسلسل التأشيرات التي تتوافق مع النص حتى الآن، ويجد تضميناً (أي، مصفوفة أرقام) يمثِّلها. ثم يعمل على ذلك التضمين - "بطريقة الشبكة العصبية القياسية"، مع قيم "تتموَّج بين" الطبقات المتتالية في الشبكة - لإنتاج تضمين جديد (أي، مصفوفة جديدة من الأرقام). ثم يأخذ الجزء الأخير من تلك المصفوفة ويولِّد منها مصفوفةً تضم حوالي 50,000 قيمة تتحوَّل إلى احتمالات للتأشيرات التالية الممكنة المختلفة. (ونعم، يصدف أن عدد التأشيرات المستخدَمة مماثل تقريباً لعدد الكلمات الشائعة في اللغة الإنكليزية، رغم أن فقط حوالي 3000 من التأشيرات هي كلمات كاملة، والباقي عبارة عن أجزاء).

النقطة الحاسمة هي أن كل جزء من خط الأنابيب هذا تطبِّقه شبكةٌ عصبيةٌ يحدِّد أوزانها التدريب بين طرفَي بداية ونهاية الشبكة. بمعنى آخر، لا شيء في الواقع، ما عدا الهندسة الإجمالية، "مصمَّمٌ بشكل صريح"، فكل شيء "يتم تعلّمه" فحسب من بيانات التدريب.

لكن هناك تفاصيل كثيرة في طريقة إعداد الهندسة - وهي تعكس كافة أصناف الخبرة وتقاليد الشبكات العصبية. ورغم أن الغوص في تلك التفاصيل مضيعة كبيرة للوقت، إلا أنني أعتقد أنه من المفيد الحديث عن بعضها، لأخذ فكرة على الأقل عما يدخل في بناء شيءٍ مثل ChatGPT.

هناك أولاً وحدة التضمين. ما يلي تمثيلٌ تخطيطيٌ بلغة وولفرام لـ GPT-2:

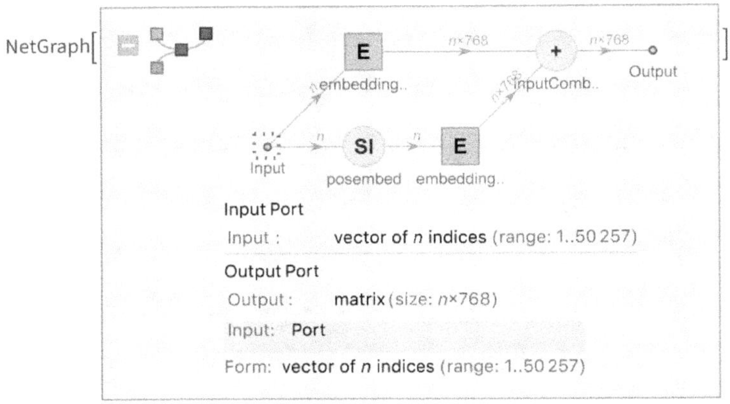

الإدخال عبارة عن متّجهي ذي n تأشيرات (ممثّل كما في القسم السابق بأرقام صحيحة من 1 إلى حوالي 50,000). يتم تحويل كل تأشيرة من تلك التأشيرات (من قِبل شبكة عصبية أحادية الطبقات) إلى متّجهي تضمين (طوله 768 لـ GPT-2 و 12,288 لـ GPT-3). في غضون ذلك، هناك "ممر ثانوي" يأخذ تسلسل المواضع (أرقام صحيحة) للتأشيرات، وينشئ متّجهي تضمين آخر من تلك الأرقام الصحيحة. ثم تُضاف أخيراً متّجهيات التضمين الخاصة بقيمة التأشيرة وموضع التأشيرة - لإنتاج التسلسل الأخير لمتّجهيات التضمين من وحدة التضمين.

لماذا نضيف متّجهيات تضمين قيمة التأشيرة وموضع التأشيرة معاً؟ لا أعتقد أن هناك أي سبب علمي لذلك، فكل ما في الأمر هو أنه تمت تجربة العديد من الأشياء المختلفة، وهذه هي الطريقة التي يبدو أنها نجحت. ومن تقاليد الشبكات العصبية أنه - بمعنى ما - طالما أن الإعداد الذي نستخدمه "صحيح تقريباً"، فمن الممكن عادة استهداف التفاصيل بمجرد إنجاز تدريبٍ كافٍ، دون الحاجة حقاً إلى أن "نفهم عند مستوى الهندسة" كيف انتهى الأمر بالشبكة العصبية أن تضبط تكوين نفسها.

إليك ما تفعله وحدة التضمين بينما تعمل على سلسلة النص *hello hello hello hello hello hello hello hello hello hello bye bye bye bye bye bye bye bye bye*:

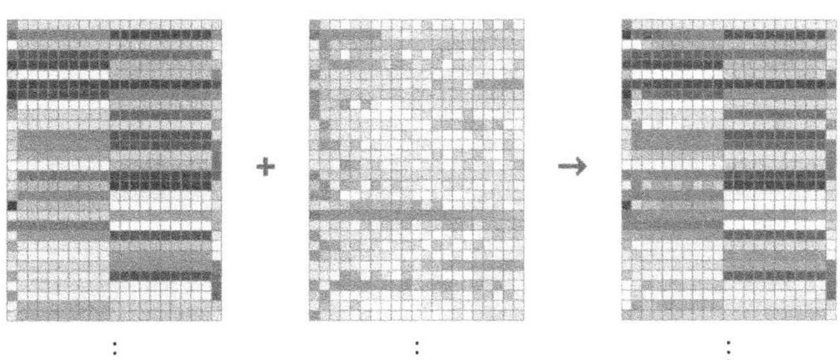

تظهر عناصر متّجهي تضمين كل تأشيرة نزولاً على الصفحة، ونرى على عرض الصفحة سلسلةً من تضمينات hello أولاً، تليها سلسلة من تضمينات bye. إن المصفوفة الثانية أعلاه هي التضمين الموضعي - وبنيتها ذات المظهر العشوائي إلى حد ما هي فقط ما "صدف أنه تم تعلّمه" (في هذه الحالة في GPT-2).

حسناً، بعد وحدة التضمين إذاً، يأتي "الحدث الرئيسي" للمحوِّل: تسلسلٌ لما تسمّى "كتل انتباه" (12 لـ GPT-2 و96 لـ GPT-3). كل شيء معقَّد جداً - ويذكّرنا بالأنظمة الهندسية الكبيرة النموذجية التي يصعب فهمها، أو بالأنظمة البيولوجية. لكن على أي حال، ما يلي تمثيلٌ تخطيطيٌ لـ "كتلة انتباه" واحدة (لـ GPT-2):

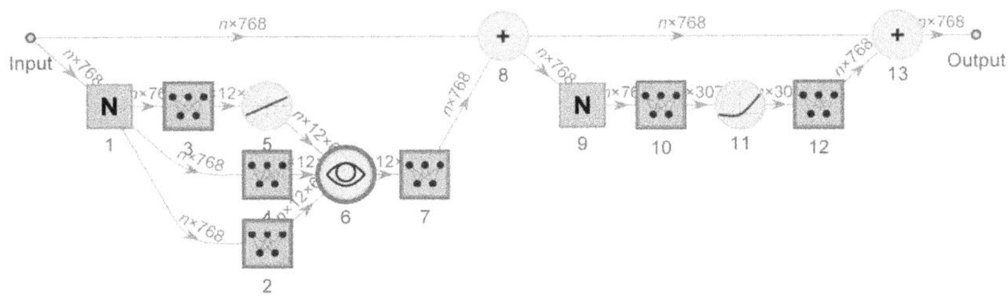

يوجد داخل كل كتلة انتباه مجموعة من "رؤوس الانتباه" (12 لـ GPT-2 و96 لـ GPT-3) - كل واحدة منها تعمل بشكل مستقل على قِطع مختلفة من القيم في متّجهي التضمين. (ونعم، لا نعرف أي سبب معيّن لماذا يُعتبر من الجيد تقسيم متّجهي التضمين، أو ما "معنى" مختلف أجزائه، فهذا فقط أحد تلك الأشياء التي "تبيَّن أنها تعمل بنجاح").

حسناً، ماذا تفعل رؤوس الانتباه إذاً؟ إنها مبدئياً طريقةٌ "للنظر إلى الوراء" في تسلسل التأشيرات (أي، في النص المُنتَج حتى الآن)، و"تغليف الماضي" في شكلٍ مفيدٍ للعثور على التأشيرة التالية. لقد تحدثنا في القسم الأول أعلاه عن استخدام احتمالات 2-grams لاختيار الكلمات بناءً على أسلافها المباشرين. ما تفعله آلية "الانتباه" في المحوِّلات هو السماح بـ "الانتباه إلى" الكلمات السابقة قديماً جداً - وبالتالي ربما إلتقاط الطريقة التي، مثلاً، تستطيع بها الأفعال أن تشير إلى الأسماء التي ظهرت قبلها بكلمات عديدة في الجملة.

إذا أردنا الحديث بمستوى أكثر تفصيلاً، فإن ما يفعله كل رأس انتباه هو إعادة تجميع قِطع متّجهيات التضمين المقترنة بمختلف التأشيرات التي لها أوزان معيّنة. وبالتالي، مثلاً، رؤوس الانتباه الـ 12 في كتلة الانتباه الأولى (في GPT-2) لها أنماط

"أوزان إعادة التجميع" التالية ("النظر إلى الوراء وصولاً حتى بداية تسلسل التأشيرات") للسلسلة "hello, bye" أعلاه:

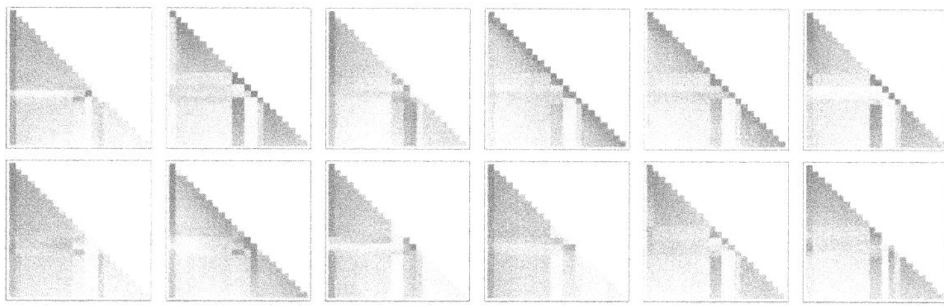

بعد أن تعالجه رؤوس الانتباه، يتم تمرير "متّجهي التضمين المُعاد احتساب أوزانه" الناتج عن ذلك (طوله 768 لـ GPT-2 و12,288 لـ GPT-3) عبر طبقة شبكة عصبية قياسية "موصولة بالكامل". من الصعب فهم ما تفعله هذه الطبقة، لكن إليك مخططاً لصفيفة الأوزان 768×768 التي تستخدمها (لـ GPT-2 هنا):

بأخذ معدلات وسطية متحرّكة 64×64، تبدأ بنيةٌ (مشي عشوائي) بالظهور:

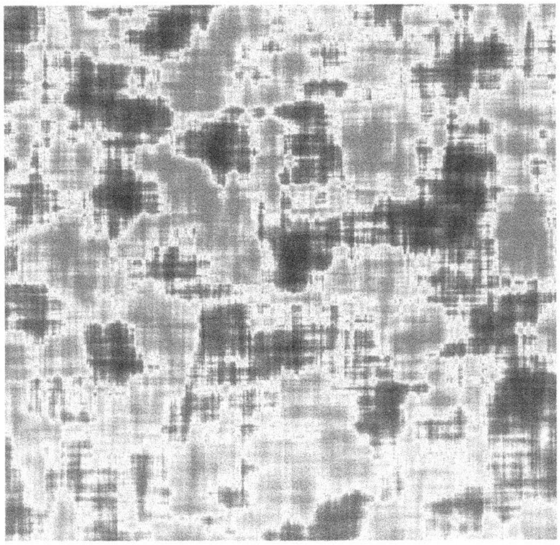

ما الذي يحدِّد هذه البنية؟ يُفترض في نهاية المطاف أنه "تشفير شبكةٍ عصبيةٍ" لميزات اللغة البشرية، لكن قد يكون مجهولاً تماماً حتى الآن ما هي تلك الميزات. في الواقع، نحن "نفتح دماغ ChatGPT" (أو على الأقل GPT-2) ونكتشف أن الأمور معقَّدة هناك، ولا نفهمها - رغم أنها تُنتِج في النهاية لغة بشرية يمكن التعرّف عليها.

حسناً، بعد المرور بكتلة انتباه واحدة، يصبح لدينا متّجهي تضمين جديد - يُنقَل بعدها عبر كتل انتباه إضافية (مجموعها 12 لـ GPT-2 و96 لـ GPT-3) بشكل متتالٍ. لكل كتلة انتباه نمطها الخاص من "الانتباه" والأوزان "الموصولة بالكامل". ما يلي لـ GPT-2 هو تسلسل أوزان الانتباه للإدخال "hello, bye" لرأس الانتباه الأول:

وإليك "الصفيفات" (ذات المعدلات الوسطية المتحرّكة) للطبقات الموصولة بالكامل:

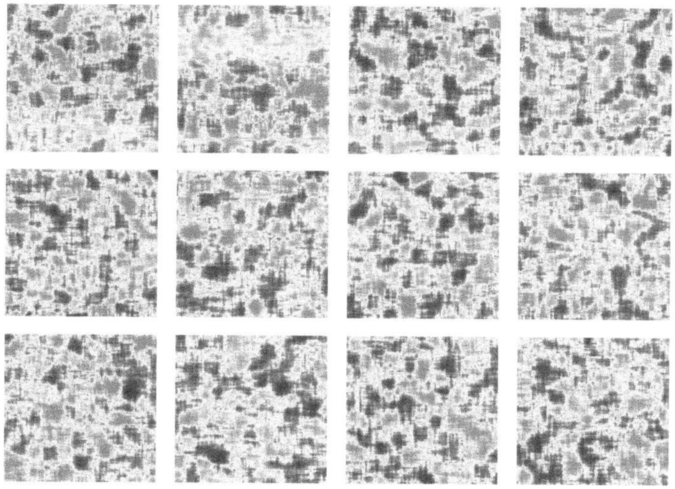

المثير للفضول هو أنه رغم أن "صفيفات الأوزان" هذه في كتل الانتباه المختلفة تبدو متشابهة جداً، إلا أن توزيعات أحجام الأوزان يمكن أن تكون مختلفةً بعض الشيء (وليست غاوسية [نسبةً للعالِم الألماني غاوس] دائماً):

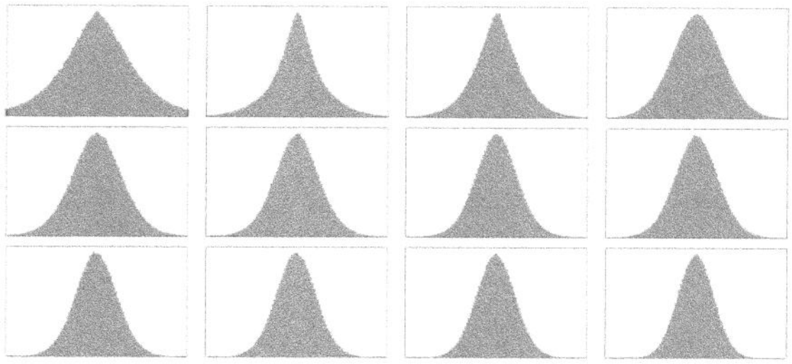

لذا بعد المرور بكل كتل الانتباه هذه، ما هو صافي تأثير المحوِّل؟ إنه في الأساس تحويل مجموعة التضمينات الأصلية لتسلسل التأشيرات إلى مجموعة نهائية. والطريقة الخاصة التي يعمل بها ChatGPT هي بأن يلتقط عندها آخر تضمين في هذه المجموعة، و"يفك تشفيرها" لإنتاج لائحة احتمالات للتأشيرة التالية التي يجب أن تأتي.

هذا ما يوجد داخل ChatGPT بالإجمال. قد يبدو معقَّداً (ليس أقله بسبب "خيارات هندسته" العديدة التعسّفية بعض الشيء)، لكن العناصر النهائية الضالعة بسيطة بشكل ملحوظ في الواقع. ولأن ما نتعامل معه في النهاية هو مجرد شبكة

عصبية مكوَّنة من "عصبونات اصطناعية"، فإن كل عصبون منها يُنجز عملية بسيطة هي أخذ مجموعة من المُدخَلات الرقمية، ثم دمجها بأوزان معيّنة.

الإدخال الأصلي إلى ChatGPT هو مصفوفة أرقام (متّجهيات التضمين للتأشيرات حتى الآن)، وما يجري عندما "يعمل" ChatGPT لإنتاج تأشيرة جديدة هو أن تلك الأرقام "تتموّج عبر" طبقات الشبكة العصبية، وكل عصبون "يقوم بعمله" ويمرِّر النتيجة إلى العصبونات الموجودة في الطبقة التالية. ليس هناك تكرار أو "عودة"، بل كل شيء "يسير إلى الأمام" في الشبكة.

هذا إعدادٌ مختلفٌ جداً عن النظام الحسابيّ النموذجي – مثل آلة تورنغ – الذي تقوم فيه نفس العناصر الحسابيّة "بإعادة معالجة" النتائج بشكل متكرر. أما هنا – على الأقل عند توليد تأشيرةٍ جديدةٍ – فإن كل عنصر حسابي (أي، عصبون) يُستخدَم مرة واحدة فقط.

لكن لا تزال هناك "حلقة خارجية" تُعيد استخدام العناصر الحسابيّة حتى في ChatGPT، لأنه عندما يريد ChatGPT توليد تأشيرة جديدة، فإنه "يقرأ" (أي يأخذ كإدخالٍ) دائماً كامل سلسلة التأشيرات التي أتت قبلها، بما في ذلك التأشيرات التي "كتبها" ChatGPT بنفسه سابقاً. ويمكننا تخيُّل هذا الإعداد بأنه يعني أن ChatGPT – على الأقل في مستواه الخارجي الأقصى – يتضمن "حلقة تغذية مرتدة"، ولو كان كل تكرار فيها مرئيٌّ بوضوح كتأشيرةٍ تظهر في النص الذي يولِّده.

لكن دعنا نعود إلى جوهر ChatGPT: الشبكة العصبية التي تُستخدم بشكل متكرر لتوليد كل تأشيرة. إنها بسيطة جداً نوعاً ما: مجموعة كاملة من العصبونات الاصطناعية المتطابقة. وبعض أجزاء الشبكة تتألف فقط من طبقات عصبونات ("موصولة بالكامل") يكون كل عصبون في إحدى طبقاتها موصولاً (مع بعض الوزن) بكل عصبون موجود في الطبقة السابقة. لكن مع هندسة محوِّله بالأخص، يحتوي ChatGPT على أجزاء لها مزيد من البنية، بحيث تكون عصبونات محدَّدة فقط على طبقات مختلفة موصولةً ببعضها. (بالطبع، لا يزال بإمكاننا القول إن "كل العصبونات موصولة ببعضها" – لكن وزن بعضها صفر فحسب).

بالإضافة إلى ذلك، هناك جوانب من الشبكة العصبية في ChatGPT لا يُعتبر أنها تتألف من طبقات "متجانِسة" فقط. مثلاً - مثلما يحدِّد التلخيص الرسومي أعلاه - يوجد داخل كل كتلة انتباه أماكنَ "تُنشأ فيها عدة نُسخ" من البيانات الواردة، ثم تمرّ كل نسخة منها عبر "مسار معالجة" مختلف من المحتمل أن يتضمن عدداً مختلفاً من الطبقات، ولا يُعاد تجميعها إلا لاحقاً. لكن في حين أن هذا قد يكون تمثيلاً مناسباً لما يجري، إلا أنه من الممكن دائماً (من حيث المبدأ على الأقل) التفكير في "تعبئة كثيفة" للطبقات، لكن مجرد وجود بعض الأوزان التي تكون صفراً.

إذا نظرنا إلى أطول مسار عبر ChatGPT، سنجد أن هناك حوالي 400 طبقة (جوهرية) - وهذا ليس رقماً كبيراً في بعض النواحي - لكن هناك ملايين العصبونات - بمجموع 175 مليار وصلة، وبالتالي 175 مليار وزن. ومن الأشياء التي علينا إدراكها هو أنه كلما أراد ChatGPT توليد تأشيرة جديدة، عليه إجراء عملية حسابية تتضمن كل وزن من تلك الأوزان. من الناحية التطبيقية، يمكن تنظيم تلك العمليات الحسابية بعض الشيء "حسب الطبقة" إلى عمليات متوازية جداً للمصفوفة يمكن تنفيذها بسهولة على وحدات معالجة الرسوم. لكن لكل تأشيرة يتم إنتاجها، لا يزال يتعيَّن تنفيذ 175 مليار عملية حسابية (وأكثر قليلاً في النهاية) - لذا من غير المستغرب أن يحتاج ChatGPT إلى بعض الوقت ليولِّد نصاً طويلاً.

لكن الشيء الملفت للنظر في النهاية هو أن كل تلك العمليات - البسيطة فردياً - تستطيع بطريقة أو بأخرى أن تنجح معاً في إنجاز مهمة "بشرية" بشكل جيد ألا وهي توليد النص. يجب التشديد مرة أخرى على أنه (على حد علمنا على الأقل) لا يوجد "سبب نظري مُطلَق" لوجوب نجاح أي شيء من هذا القبيل. وفي الواقع، مثلما سنناقش لاحقاً، أعتقد أن علينا النظر إلى هذا الأمر على أنه اكتشاف علمي من المحتمل أن يكون مدهشاً: أنه من الممكن بطريقة أو بأخرى في شبكة عصبية مثل ChatGPT التقاط جوهر ما تستطيع الأدمغة البشرية فعله في توليد اللغة.

تدريب ChatGPT

حسناً، لقد قدمنا الآن مخططاً تفصيلياً عن طريقة عمل ChatGPT بمجرد إعداده، لكن كيف تم إعداده؟ كيف تم تحديد كل تلك الأوزان البالغ عددها 175 ملياراً في شبكته العصبية؟ هذا مبدئياً نتيجة التدريب الواسع النطاق المرتكز على مجموعة ضخمة من النصوص - على الويب، في الكتب، الخ - التي كتبها البشر. ومثلما قلنا فإنه حتى مع أخذ كل بيانات التدريب تلك بعين الاعتبار، من المؤكد أنه من غير الواضح أن الشبكة العصبية ستكون قادرة على إنتاج نص "شبيه بالبشر" بنجاح. ويبدو مرة أخرى أن هناك حاجة إلى أجزاء هندسية مفصَّلة لتحقيق ذلك، لكن المفاجأة الكبرى - والاكتشاف الكبير - لـ ChatGPT هي أن ذلك ممكن تماماً، وأن - في الواقع - شبكة عصبيةً تضم 175 مليار وزن "فقط" تستطيع أن تصنع "نموذجاً معقولاً" للنصوص التي يكتبها البشر.

يوجد في العصر الحديث الكثير من النصوص التي كتبها البشر والتي تتوفر في شكل رقمي. تحتوي الويب العمومية على ما لا يقل عن عدة مليارات من الصفحات المكتوبة بشرياً، مع ما مجموعه تريليون كلمة على الأرجح، وإذا شملنا صفحات الويب غير العمومية، فقد يتضاعف العدد 100 مرة على الأقل. يتوفر حتى الآن أكثر من 5 ملايين كتاب إلكتروني (من أصل حوالي 100 مليون كتاب تم نشرها على الإطلاق)، مما يعطينا حوالي 100 مليار كلمة أخرى، وكل ذلك دون حتى أن نذكر النصوص المشتقة من الكلام في الفيديوهات، الخ (على سبيل المقارنة الشخصية، إجمالي المواد التي نشرتها طيلة حياتي يبلغ أقل من 3 ملايين كلمة بقليل، وخلال السنوات الثلاثين الماضية، كتبتُ حوالي 15 مليون كلمة بالبريد الإلكتروني، وطبعتُ بالإجمال حوالي 50 مليون كلمة - وفي السنتين الماضيتين فقط، نطقتُ أكثر من 10 ملايين كلمة في التدفقات المباشرة عبر الانترنت. ونعم، سأدرِّب روبوتاً من كل ذلك).

حسناً، لكن كيف ندرِّب شبكةً عصبيةً مع كل تلك البيانات؟ إن العملية الأساسية تشبه إلى حد كبير تلك التي ناقشناها في الأمثلة البسيطة أعلاه، حيث تقدِّم دُفعةً من الأمثلة، ثم تعدِّل الأوزان في الشبكة لتقليل الخطأ ("الخسارة") الذي

ترتكبه الشبكة مع تلك الأمثلة. الشيء الرئيسي الذي يُعدّ مُكلِفاً بشأن "الانتشار إلى الخلف" من الخطأ هو أنه كلما فعلتَ ذلك، سيتغيَّر كل وزن في الشبكة بمقدار قليل جداً على الأقل، وهناك الكثير من الأوزان التي يجب التعامل معها. (عادة ما تكون "العمليات الحسابية إلى الخلف" الفعلية أصعب بعاملٍ ثابتٍ صغيرٍ فقط من العمليات الحسابية إلى الأمام).

مع وحدات معالجة الرسوم العصرية، من السهل احتساب النتائج من دُفعات تضم آلاف الأمثلة بالتوازي، لكن عندما تتعلق المسألة بتحديث الأوزان في الشبكة العصبية فعلياً، فإن الطرق الحالية تتطلب منا مبدئياً القيام بذلك لكل دُفعة تلو الأخرى. (ونعم، هذه هي الناحية التي تمتلك فيها الأدمغة الفعلية على الأرجح - بعناصرها المجتمعة للعمليات الحسابية والذاكرة - أفضلية هندسية، في الوقت الحاضر على الأقل).

حتى في الحالات التي تبدو بسيطة لتعلّم الدالات الرقمية التي ناقشناها سابقاً، وجدنا أنه يتعيَّن علينا في أغلب الأحيان استخدام ملايين الأمثلة لتدريب الشبكة بنجاح، من الصفر على الأقل. إذاً، كم عدد الأمثلة التي يعني هذا أننا سنحتاج إليها لتدريب نموذج "لغة شبيهة بالبشر"؟ لا يبدو أن هناك أي طريقة "نظرية" أساسية لمعرفة الجواب، لكنه تم عملياً تدريب ChatGPT بنجاح على مئات مليارات الكلمات.

لقد تم إعطاؤه بعض النص عدة مرات، وبعضه الآخر مرة واحدة فقط، غير أنه حصل بطريقة أو بأخرى "على ما احتاج إليه" من النص الذي رآه. لكن بناءً على هذا الحجم من النص ليتعلَّم منه، كم يجب أن يكون حجم الشبكة التي يتطلبها لكي "يتعلَّمها جيداً"؟ مرة أخرى، ليست لدينا حتى الآن أي طريقة نظرية أساسية للإجابة على هذا السؤال، وفي نهاية المطاف - مثلما سنناقش أكثر أدناه - يوجد افتراضياً "محتوى خوارزميّ إجمالي" للغة البشرية وما يقوله البشر بها عادة، لكن السؤال التالي هو عن مدى فعالية الشبكة العصبية في تطبيق نموذجٍ بناءً على ذلك المحتوى الخوارزميّ. لا نعرف مرة أخرى - رغم أن نجاح ChatGPT يشير إلى أنها فعّالة إلى حد معقول.

في النهاية، يمكننا أن نشير فقط إلى أن ChatGPT يفعل ما يفعله باستخدام بضع مئات مليارات الأوزان - عددها مماثل لمجموع عدد الكلمات (أو التأشيرات) في بيانات التدريب. قد يكون من المدهش في بعض النواحي (رغم أننا نلحظ ذلك أيضاً في نظائر أصغر لـ ChatGPT) أن "حجم الشبكة" الذي يبدو أنه يعمل بشكل جيد مماثل جداً لـ "حجم بيانات التدريب". في النهاية، من المؤكد أن كل ذلك النص من الويب والكتب وغيرها "داخل ChatGPT" لا "يُخزَّن مباشرة" بطريقة أو بأخرى. ولأن ما بداخل ChatGPT هو في الواقع مجموعة أرقام - ذات دقة أقل قليلاً من 10 أعداد - هي نوعٌ من الترميز الموزَّع للبنية الإجمالية لكل ذلك النص.

بعبارة أخرى، قد نسأل ما هو "محتوى المعلومات الفعّال" للغة البشرية، وما يُقال بها عادة. هناك مجموعة خام من الأمثلة اللغوية، ثم هناك التمثيل في الشبكة العصبية لـ ChatGPT. من المرجّح جداً أن يكون ذلك التمثيل بعيداً عن تمثيل "الحد الأدنى من الناحية الخوارزميّة" (مثلما سنناقش أدناه)، لكنه تمثيل تستطيع الشبكة العصبية استخدامه بسهولة. ويبدو في النهاية أنه يوجد في هذا التمثيل "ضغط" صغير لبيانات التدريب؛ ويبدو بالمعدل الوسطي أنه يأخذ مبدئياً أقل بقليل من وزن شبكة عصبية واحدة فقط لكي يحمل "محتوى المعلومات" لكلمةٍ من بيانات التدريب.

عندما نشغِّل ChatGPT لتوليد نصٍ، يتعيَّن علينا مبدئياً استخدام كل وزن مرة واحدة. لذا إذا كان هناك n أوزان، سيكون عدد الخطوات الحسابيّة التي يجب القيام بها هو أحد مضاعفات الرقم n - رغم أنه يمكن عملياً تنفيذ العديد منها بالتوازي في وحدات معالجة الرسوم. لكن إذا احتجنا إلى حوالي n كلمة من بيانات التدريب لإعداد تلك الأوزان، فيمكننا أن نستنتج إذاً مما قلناه سابقاً أننا سنحتاج إلى حوالي n^2 خطوة حسابيّة لتدريب الشبكة - لهذا السبب، سنحتاج مع الطرق الحالية إلى الحديث عن جهود تدريبٍ بمليارات الدولارات.

ما بعد التدريب الأساسي

يتم بذل غالبية الجهد في عملية تدريب ChatGPT على "تقديم له" كميات كبيرة من النصوص الموجودة على الويب وفي الكتب وما إلى ذلك، لكن تبيَّن أن هناك جزءاً آخر - يبدو مهماً إلى حد ما - أيضاً.

حالما تنتهي من "تدريبها الأولي" على مجموعة النصوص الأصلية التي تم تقديمها لها، تصبح الشبكة العصبية داخل ChatGPT جاهزة لتبدأ توليد نصوص بنفسها، حيث تُكمل من نصوص الطلبات، الخ، لكن في حين أن نتائج هذه العملية قد تبدو معقولةً في أغلب الأحيان، إلا أنها تميل - بالأخص للأجزاء الطويلة من النصوص - إلى أن "تتوه" بطرق لا تشبه البشر في أغلب الأحيان، وهذا ليس شيئاً يستطيع المرء اكتشافه بسهولة من خلال إجرائه مثلاً إحصائيات تقليدية على النص، لكنه شيء يلاحظه البشر الفعليون بسهولة عند قراءة النص.

وكانت هناك فكرة أساسية عند بناء ChatGPT هي القيام بخطوة أخرى بعد "القراءة السلبية" لأشياء مثل الويب: جعل البشر الفعليين يتفاعلون بنشاط مع ChatGPT، ورؤية ما يُنتِجه، وإعطائه ملاحظات حول "كيف يكون روبوت دردشة جيد". لكن كيف تستطيع الشبكة العصبية استخدام تلك الملاحظات؟ الخطوة الأولى هي مجرد جعل البشر يصنّفون نتائج الشبكة العصبية، ثم يتم بناء نموذج شبكة عصبية آخر يحاول توقُّع تلك التصنيفات. لكن يمكن الآن تشغيل نموذج التوقّع هذا - بشكل أساسي مثل دالة الخسارة - على الشبكة الأصلية، مما يسمح في الواقع "بتحسين" تلك الشبكة من خلال الملاحظات البشرية التي تم إبداؤها. ويبدو أنه للنتائج تأثير كبير عملياً على نجاح النظام في إنتاج إخراج "شبيه بالبشر".

بشكل عام، من المثير للاهتمام مدى ضآلة "النكْز" الذي يبدو أن الشبكة "المدرَّبة أصلاً" تحتاج إليه لكي تسير بشكل مفيد في اتجاهات معيّنة. وقد يظن المرء أنه لجعل الشبكة تتصرَّف كما لو أنها "تعلَّمت شيئاً جديداً"، عليه تشغيل خوارزمية تدريب، وتعديل الأوزان، الخ.

لكن الأمر ليس كذلك، بل يبدو أنه يكفي إخبار ChatGPT شيءٍ مرةً واحدةً

- كجزء من نص الطلب الذي تكتبه - ويمكنه عندها الاستفادة تماماً مما قلتَه له عندما يولِّد النص. أعتقد مرة أخرى أن حقيقة أن هذا ينجح هو دلالة مهمة لفهم ما "يفعله" ChatGPT "حقاً"، وكيفية ارتباطه ببنية اللغة والتفكير البشريين.

من المؤكد أن هناك شيئاً شبيهاً بالبشر في هذا: أنه بمجرد حصوله على كل ذلك التدريب المسبق، يمكنك إخباره أي شيء مرةً واحدةً فقط، ويمكنه أن "يتذكَّره" - على الأقل "لمدة كافية" لكي يولِّد نصاً باستخدامه. إذاً ما الذي يجري في حالة كهذه؟ من الممكن أن "كل شيء قد تُخبِره إياه موجود هناك في مكان ما من قبل" - وأنت تقوده إلى المكان الصحيح فحسب، لكن هذا لا يبدو مُقنِعاً، فما يبدو أكثر احتمالاً هو أن العناصر موجودة هناك من قبل، لكن التفاصيل يحدِّدها شيءٌ مثل "مسارٍ بين تلك العناصر"، وهذا ما تقدِّمه عندما تُخبِره شيئاً.

وبالفعل، كما هو الحال بالنسبة للبشر، إذا أخبرته شيئاً غريباً وغير متوقَّع لا يلائم تماماً الهيكل الذي يعرفه، لا يبدو أنه سيتمكن من "دمج" هذا بنجاح، بل سيتمكن من "دمجه" فقط إذا كان يسير مبدئياً بطريقة بسيطة نوعاً ما فوق الهيكل الذي لديه من قبل.

من الجدير بالذكر مرة أخرى أن هناك حتماً "حدوداً خوارزميّةً" لما تستطيع أن "تلتقطه" الشبكة العصبية. أخبِرها قواعد "سطحية" من الطراز "هذا يذهب إلى ذاك" وما إلى ذلك، وستكون قادرةً على الأرجح على تمثيلها وإعادة إنتاجها بشكل جيد - وبالفعل، فإن ما "تعرفه من قبل" من اللغة، ستعطيه نمطاً فورياً لاتباعه. لكن حاول أن تعطيها قواعد لعملية حسابية فعلية "عميقة" تتضمن العديد من الخطوات التي قد تكون غير قابلة للاختزال حسابياً ولن تعمل فحسب. (تذكَّر أن ما تقوم به دائماً في كل خطوة هو مجرد "تغذية البيانات إلى الأمام" في شبكتها، ولا تكرّر أبداً ما عدا من خلال توليد تأشيرات جديدة).

بالطبع أن الشبكة تستطيع أن تتعلّم الإجابة على عمليات حسابية محدَّدة "غير قابلة للاختزال"، لكن بمجرد وجود كمية توافيقية من الاحتمالات، لن ينجح هكذا أسلوب "على طريقة جداول التفتيش". وبالتالي، نعم، مثل البشر تماماً، يكون قد

حان الوقت عندها لكي تمدّ الشبكات العصبية "يدها" وتستخدم الأدوات الحسابيّة الفعلية. (ونعم، وولفرام|ألفا ولغة وولفرام ملائمتان بشكل فريد، لأنهما صُنعتا لـ "تتكلّما عن الأشياء في العالم"، تماماً مثل الشبكات العصبية لنموذج اللغة).

ما الذي يجعل ChatGPT يعمل حقاً؟

لطالما بدا أن اللغة البشرية - وعمليات التفكير الضالعة في توليدها - تمثِّل نوعاً من ذروة التعقيد، ويبدو ملفتاً للنظر بالفعل أن الأدمغة البشرية - بشبكتها المكوَّنة من حوالي 100 مليار عصبون "فقط" (وربما 100 تريليون وصلة) - يمكن أن تكون مسؤولة عن ذلك. قد يتخيَّل المرء أن الدماغ أكثر من مجرد شبكة عصبونات - مثل طبقةٍ جديدةٍ من الفيزياء غير المُكتشَفة - لكن بوجود ChatGPT الآن، أصبحت لدينا معلومة جديدة مهمة: نعرف أن شبكة عصبية اصطناعية نقية تحتوي على كمية من الوصلات بنفس قدر الأدمغة لديها عصبونات قادرة على توليد اللغة البشرية بشكل مدهش.

ونعم، هذا لا يزال نظاماً كبيراً ومعقَّداً - له نفس عدد أوزان الشبكة العصبية بقدر ما توجد كلمات في العالم حالياً - لكن لا يزال يبدو من الصعب نوعاً ما تصديق أن كل غنى اللغة والأشياء التي يمكنها التحدث عنها يمكن وضعها في هكذا نظام محدود. لا شك أن جزءاً مما يجري هو انعكاسٌ للظاهرة الشاملة (التي أصبحت واضحة لأول مرة في مثال القاعدة 30) القائلة بأن العمليات الحسابيّة قادرة فعلاً على تضخيم التعقيد الواضح للأنظمة بشكل كبير حتى عندما تكون قواعدها الأساسية بسيطة. لكن مثلما ناقشنا سابقاً، فإن الشبكات العصبية من النوع المستخدَم في ChatGPT تميل في الواقع إلى أن تكون مصمّمة خصيصاً لتقييد تأثير هذه الظاهرة - وعدم إمكانية الاختزال الحسابيّ المقترنة بها - من أجل جعل تدريبها أسهل.

إذاً كيف يمكن لشيء مثل ChatGPT أن يحقّق ما يحقّقه مع اللغة؟ أعتقد أن الجواب الأساسي هو أن اللغة عند مستوى أساسي أبسط نوعاً ما مما تبدو عليه، وهذا يعني أن ChatGPT - حتى مع بنية شبكته العصبية البسيطة في نهاية المطاف - قادر على أن "يلتقط جوهر" اللغة البشرية والتفكير الكامن خلفها. بالإضافة إلى ذلك، فقد استطاع ChatGPT خلال تدريبه أن "يكتشف ضمنياً" بطريقة أو بأخرى أن كل الانتظام الذي في اللغة (والتفكير) يجعل هذا ممكناً.

أعتقد أن نجاح ChatGPT يعطينا دليلاً على معلومة علمية أساسية ومهمة: إنه

يشير إلى أنه يمكننا توقُّع وجود "قوانين للغة" - وبالتالي "قوانين للتفكير" - جديدة ورئيسية علينا اكتشافها. في ChatGPT - الذي تم بناؤه كشبكةٍ عصبيةٍ - تلك القوانين ضمنية في أحسن الأحوال، لكن إذا استطعنا جعلها علنية بطريقة أو بأخرى، فهناك إمكانية أن نُنجز أنواع الأشياء التي يُنجزها ChatGPT بطرق مباشرة وفعّالة - وشفافة - أكثر بكثير.

حسناً، لكن كيف يمكن أن تكون عليه تلك القوانين؟ يجب أن تعطينا في نهاية المطاف نوعاً من الوصفات حول كيفية تجميع اللغة - والأشياء التي نقولها بها. سنناقش لاحقاً كيف أن "النظر إلى داخل ChatGPT" قد يكون قادراً على إعطائنا بعض التلميحات حول هذا، وكيف أن ما نعرفه من بناء لغةٍ حسابيّةٍ يقترح مساراً للمضي قدماً، لكن دعنا أولاً نناقش مثالين معروفين منذ مدة طويلة عن ماهية "قوانين اللغة" - وكيفية ارتباطها بعمل ChatGPT.

المثال الأول هو التركيب النحوي للغة، فاللغة ليست مجرد خليط عشوائي من الكلمات، بل هناك قواعد نحوية محدّدة (نوعاً ما) حول كيفية تجميع الكلمات ذات الأنواع المختلفة: في اللغة الإنكليزية مثلاً، يمكن للأسماء أن تسبقها نعوتٌ وأن تليها أفعالٌ، لكن لا يمكن عادة أن يتواجد إسمان بجانب بعضهما البعض. يمكن التقاط هكذا بنية نحوية (تقريباً على الأقل) من خلال مجموعة من القواعد التي تحدِّد كيف يمكن تجميع ما يشكِّل "أشجار إعراب":

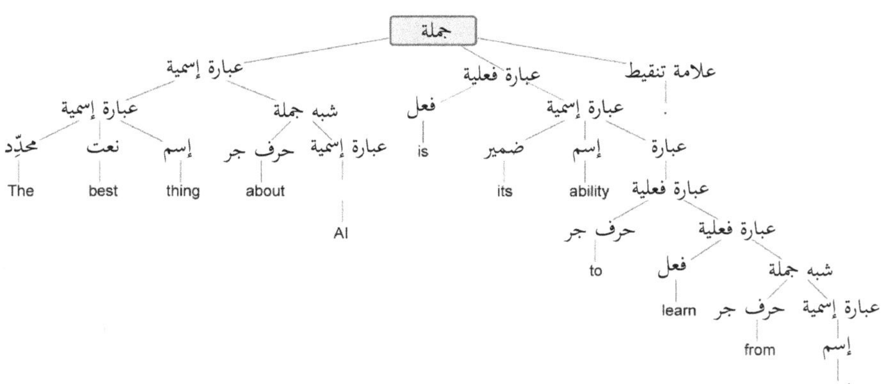

لا يملك ChatGPT أي "معرفة" علنية بهكذا قواعد، لكنه "يكتشفها" ضمنياً بطريقة أو بأخرى في تدريبه – ثم يبدو بارعاً في التقيّد بها، لذا كيف يعمل هذا؟ الأمر غير واضح عند مستوى "الصورة الكبيرة"، لكن لأخذ فكرةٍ، قد يكون من المفيد النظر إلى مثال أبسط بكثير.

دعنا نفترض "لغة" مكوَّنة من تسلسلات أقواس) و(، ولها نحوٌ يحدِّد أن الأقواس يجب أن تكون متوازنة دائماً، كما هو موضَّح في شجرة الإعراب التالية:

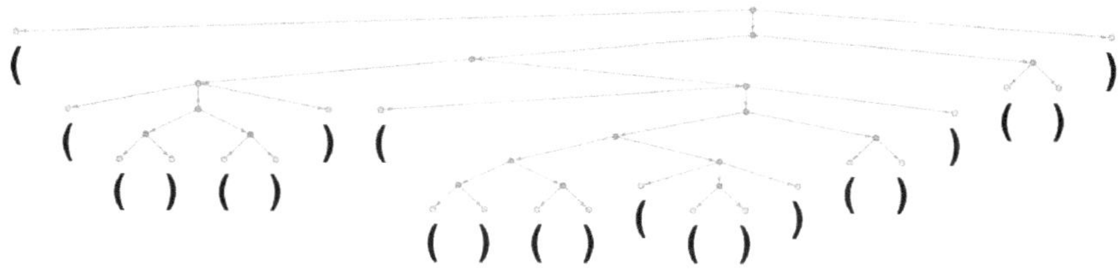

هل يمكننا أن ندرِّب شبكةً عصبيةً لكي تُنتج تسلسلات أقواس "صحيحة نحوياً"؟ هناك طرق مختلفة للتعامل مع التسلسلات في الشبكات العصبية، لكن دعنا نستخدم شبكات المحوِّلات، مثلما يفعل ChatGPT. مع وجود شبكة محوِّل بسيطة، يمكننا أن نبدأ بإعطائها تسلسلات أقواس صحيحة نحوياً كأمثلةٍ تدريبيةٍ. هناك تفصيل دقيق (يظهر أيضاً في الواقع في توليد ChatGPT للغة البشرية) هو أنه بالإضافة إلى "تأشيرات المحتوى" {وهي هنا ")" و"("}، علينا شمل تأشيرة End (نهاية)، يتم توليدها للإشارة إلى أن الإخراج لا يجب أن يستمر أكثر من ذلك (أي، في حالة ChatGPT، أننا وصلنا إلى "نهاية القصة").

إذا قمنا بإعداد شبكة محوِّل لها كتلة انتباه واحدة فقط ذات 8 رؤوس، ومتّجهيات ميزات طولها 128 (يستخدم ChatGPT متّجهيات ميزات طولها 128 أيضاً، لكن له 96 كتلة انتباه، ولكل واحدة منها 96 رأساً)، فلا يبدو عندها أنه يمكن جعلها تتعلَّم الكثير عن لغة الأقواس. لكن مع وجود كتلتَي انتباه، يبدو أن عملية التعلُّم تصبح مستقرّة – على الأقل بعد تقديم حوالي 10 ملايين مثال (وكما هو شائع مع شبكات المحوِّلات، يبدو أن تقديم المزيد من الأمثلة سيؤدي إلى تدهور أدائها فحسب).

لذا مع استخدام هذه الشبكة، يمكننا تنفيذ أمور مماثلة لما يفعله ChatGPT، وطلب احتمالات لما يجب أن تكون عليه التأشيرة التالية - في تسلسل أقواس:

((() ()))

(	51%
)	15%
End	34%

((() () (

(	46%
)	54%
End	0.038%

في الحالة اليسرى، تكون الشبكة "متيقّنة" أن التسلسل لا يمكن أن ينتهي هنا - وهذا جيد، لأنه لو انتهى هنا، لبقيت الأقواس غير متوازنة. لكنها في الحالة اليمنى، "تُدرك عن حق" أن التسلسل يمكن أن ينتهي هنا، رغم أنها "تشير" أيضاً إلى أنه يمكنه أن "يبدأ من جديد"، فتضع ")"، حيث سيتبعه "(" افتراضياً. لكن، عفواً، حتى مع وجود حوالي 400,000 وزن مدرَّب بشكل مكثّف ومرهِق، فإنها تقول إن هناك احتمالاً نسبته 15% بأن يكون "(" هو التأشيرة التالية - وهذا ليس صحيحاً لأنه سيؤدي حتماً إلى وجود قوس غير متوازن.

إليك ما نحصل عليه إذا طلبنا من الشبكة اعتماد أعلى احتمالية عند تكملة تسلسلات الأقواس الأطول تدريجياً:

```
( )
(( ))
((( )))
(((( ))))
((((( )))))
(((((( ))))))
((((((( )))))))
(((((((( ))))))))
((((((((( )))))))))
(((((((((( ))))))))))
((((((((((( )))))))))) ()              (غير متوازن)
(((((((((((( )))))))))))               (غير متوازن)
((((((((((((( )))))))))))) ())
(((((((((((((( )))))))))))) ()))
((((((((((((((( )))))))))))))))
(((((((((((((((( ))))))))))))))) ()))  (غير متوازن)
((((((((((((((((( ))))))))))))))))))   (غير متوازن)
(((((((((((((((((( ))))))))))))))))))
((((((((((((((((((( )))))))))))))))))))
(((((((((((((((((((( ))))))))))))))))))) ())
```

ونعم، تعمل الشبكة بشكل جيد حتى طول معيّن، ثم تبدأ بالفشل. هذا شيء نموذجي جداً نراه في وضع "دقيق" مثل هذا مع شبكة عصبية (أو مع التعلّم الآلي بشكل عام). إن الحالات التي يستطيع الإنسان أن "يحلّها بلمحةٍ"، تستطيع الشبكة العصبية أن تحلّها أيضاً، لكن مع الحالات التي تتطلب القيام بشيء "خوارزميّ أكثر" (مثلاً عدّ الأقواس علنياً لمعرفة إن كانت مُغلقة أم لا)، تميل الشبكة العصبية إلى أن تكون "ضحِلة جداً حسابياً" بحيث لا يمكنها القيام به بشكل موثوق. (بالمناسبة، حتى ChatGPT الحالي الكامل يجد صعوبة في مطابقة الأقواس بشكل صحيح في التسلسلات الطويلة).

لذا ما معنى هذا بالنسبة لأشياء مثل ChatGPT والتركيب النحوي للغةٍ مثل اللغة الإنكليزية؟ إن لغة الأقواس "صارمة" - وأكثر بكثير من "قصة خوارزميّة" - لكن من الواقعي أكثر بكثير في اللغة الإنكليزية أن تكون قادراً على "التكهّن" بما سيكون ملائماً نحوياً على أساس الاختيارات المحلية للكلمات وتلميحات أخرى. ونعم، الشبكة العصبية أفضل بكثير في هذا - رغم أنه قد تفوتها حالةٌ "صحيحة رسمياً" قد تفوت البشر أيضاً، لكن النقطة الرئيسية هي حقيقة أن وجود بنية نحوية إجمالية للغة - مع كل الانتظام الذي يشير إليه ذلك - يحدّ نوعاً ما من "المقدار" الذي يجب أن تتعلَّمه الشبكة العصبية. وهناك ملاحظة أساسية "شبيهة بالعلوم الطبيعية" هي أن هندسة المحوِّلات للشبكات العصبية مثل تلك الموجودة في ChatGPT يبدو أنها قادرة على أن تتعلَّم نوع البنية النحوية الشجرية المتداخلة التي يبدو أنها موجودة (بتقدير تقريبي على الأقل) في كل اللغات البشرية.

يفرض التركيب النحوي نوعاً واحداً من القيود على اللغة، لكن من الواضح أن هناك المزيد، فجملةٌ مثل "الإلكترونات الفضولية تأكل النظريات الزرقاء عن الأسماك" صحيحة نحوياً، لكنها ليست شيئاً ستتوقَّع أن تقوله عادة، ولن تُعتبر نجاحاً إذا ولَّدها ChatGPT - لأنها بلا معنى مبدئياً وفق المعاني العادية للكلمات التي فيها.

لكن هل هناك طريقة عامة لمعرفة إذا كانت أي جملة ذات معنى؟ لا توجد نظرية إجمالية تقليدية لذلك، غير أنه ملفت للنظر أنه يمكننا اعتبار أن ChatGPT قام

ضمنياً "بتطوير نظرية" بعد أن جرى تدريبه على مليارات الجمل من الويب (التي يُفترض أن لها معنى)، وما إلى ذلك.

ما يمكن أن تكون تلك النظرية؟ حسناً، هناك ركن صغير جداً معروف مبدئياً منذ ألفَي سنة، ألا وهو المنطق. وبالطبع، في شكل القياس المنطقي الذي اكتشفه أرسطو من خلاله، فإن المنطق هو في الأساس طريقة للقول إن الجمل التي تتبع أنماطاً معيّنةً معقولةٌ، بينما بعضها الآخر ليس كذلك. لذا، مثلاً، من المعقول أن نقول "كل س هو ش. هذا ليس ش، لذا فهو ليس س" (مثلاً، "كل الأسماك زرقاء. هذا ليس أزرق، لذا فهو ليس سمكة"). وتماماً مثلما يمكننا أن نتخيّل بغرابة إلى حد ما أن أرسطو اكتشف منطق القياس المنطقي عبر استعراضه ("بأسلوب التعلّم الآلي") الكثير من أمثلة البلاغة، يمكننا أن نتخيّل أيضاً أن ChatGPT سيكون قادراً في تدريبه على أن "يكتشف منطق القياس المنطقي" بالنظر إلى الكثير من النصوص على الويب، الخ (ونعم، في حين أنه يمكننا أن نتوقَّع بالتالي أن يُنتج ChatGPT نصاً يحتوي على "استنتاجات صحيحة" بناءً على أشياء مثل منطق القياس المنطقي، يصبح الوضع مختلفاً تماماً عندما تتعلق المسألة بالمنطق الرسمي المعقّد أكثر – وأعتقد أنه يمكننا أن نتوقَّع فشله هنا لنفس نوع أسباب فشله في مطابقة الأقواس).

لكن بعيداً عن المثال الضيق للمنطق، ماذا يمكن أن يُقال عن الطريقة المنهجية لتوليد (أو التعرّف على) حتى النصوص ذات المعنى المُقنِع؟ نعم، هناك أمور مثل Mad Libs تستخدم "قوالب عباراتية [نسبةً للعبارات]" محدَّدة جداً، لكن بطريقة ضمنية ما، يمتلك ChatGPT طريقة عامة أكثر بكثير ليفعل ذلك، وربما ليس هناك شيء يمكن قوله عن كيف يمكن القيام بذلك أبعد من "يحدث ذلك بطريقة ما عندما يكون لديك 175 مليار وزن للشبكة العصبية"، لكنني أظن بشدة أن هناك قصة أقوى وأبسط بكثير.

فضاء المعاني والقوانين الدلاليّة للحركة

لقد ناقشنا أعلاه أن أي نص داخل ChatGPT يتم تمثيله بمصفوفة أرقام يمكننا تخيّلها كأنها إحداثيات لنقطةٍ في نوعٍ من "فضاء المزايا اللغوية"، لذا عندما يُكمل ChatGPT نصاً فإن ذلك يتوافق مع تتبّع مسارٍ في فضاء المزايا اللغوية. لكن يمكننا أن نسأل الآن ما الذي يجعل هذا المسار يتوافق مع النصوص التي نعتبرها ذات معنى. وهل هناك نوعٌ من "القوانين الدلاليّة للحركة" التي تعرِّف - أو على الأقل تكبح - كيف تستطيع النقاط أن تتحرّك في فضاء المزايا اللغوية مع الحفاظ على "المعنى"؟

إذاً كيف يبدو فضاء المزايا اللغوية ذاك؟ إليك مثالاً عن كيف يمكن وضع الكلمات الواحدة (هنا، أسماء شائعة) إذا نفّذنا عملية إسقاط تصغيرية على هكذا فضاء مزايا إلى الأبعاد الثنائية:

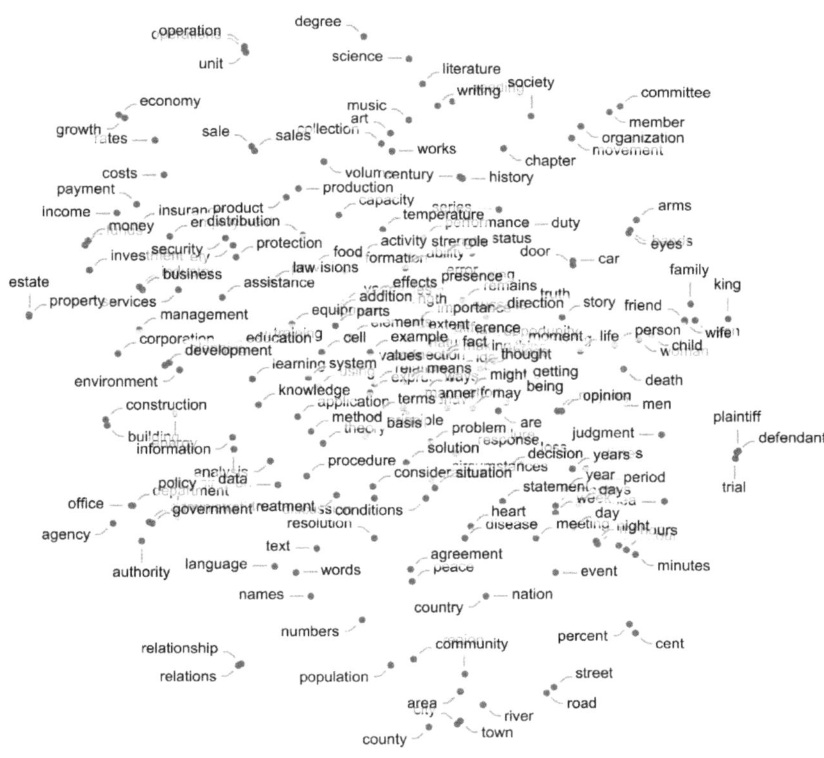

لقد رأينا سابقاً مثالاً آخر يرتكز على كلمات تمثّل نباتات وحيوانات، لكن الفكرة في الحالتين هي أن "الكلمات المتشابهة دلاليّاً" توضع قريبة من بعضها.

كمثال آخر، إليك كيفية وضع الكلمات الموازية لأجزاء مختلفة من الكلام:

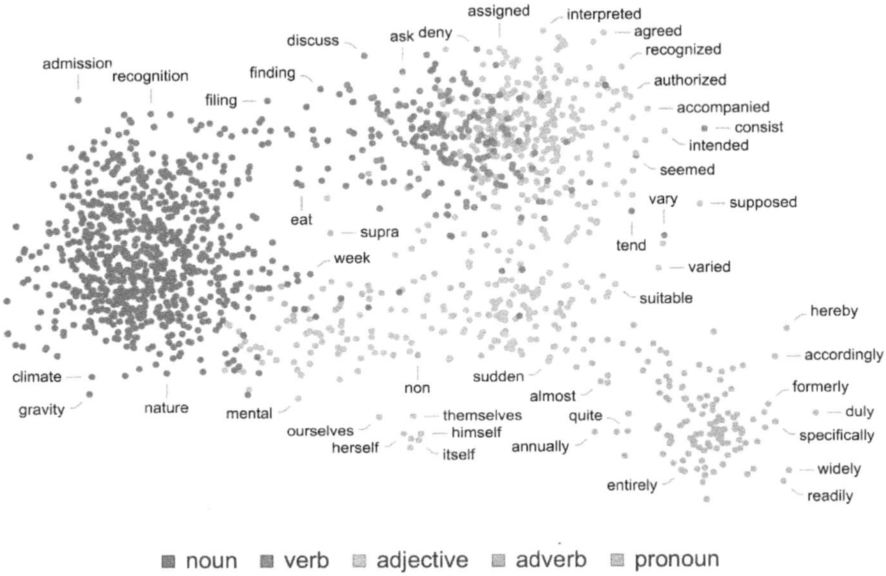

بالطبع، لا يوجد بشكل عام "معنى واحد" فقط لكل كلمة (أو هي لا تتوافق بالضرورة مع جزء واحد فقط من الكلام)، وبالنظر إلى كيفية وضع الجمل التي تحتوي على كلمةٍ في فضاء المزايا، يمكننا في أغلب الأحيان "تفكيك" معاني مختلفة - كما في المثال هنا لكلمة crane (هل المقصود بها طائر الكركي أو الرافعة؟):

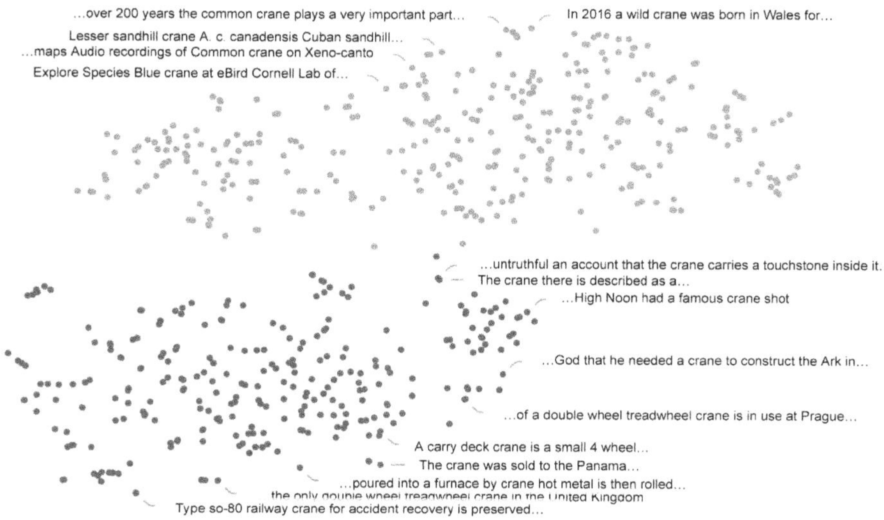

حسناً، لذا من المقبول على الأقل أنه يمكننا تخيُّل فضاء المزايا هذا بأنه يضع "الكلمات المتقاربة في المعنى" في أماكن قريبة من بعضها، لكن ما هو نوع البنية الإضافية التي يمكننا أن نعرِّفها في هذا الفضاء؟ هل هناك مثلاً نوعٌ من المفاهيم عن "النقل المتوازي" الذي من شأنه أن يعكس "تسطّحاً" في الفضاء؟ إحدى الطرق لفهم ذلك هي بالنظر إلى تشبيهات:

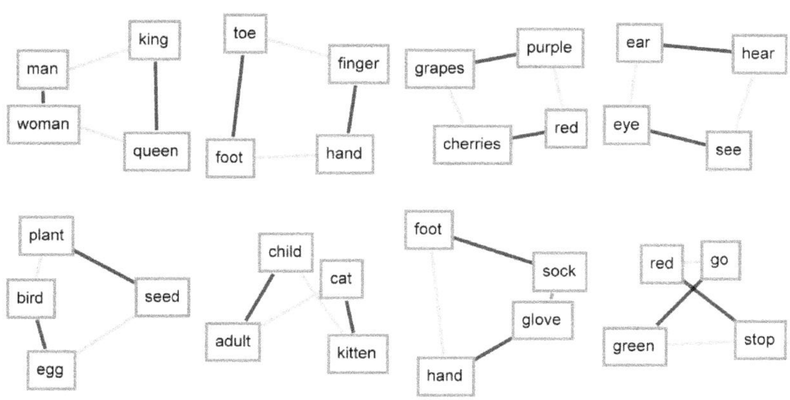

ونعم، حتى عندما نُجري عملية إسقاط تصغيرية إلى الأبعاد الثنائية، فإنه غالباً ما يكون هناك على الأقل "تلميحٌ عن وجود تسطّح"، رغم أنه بالتأكيد غير مرئي عالمياً.

وماذا بشأن المسارات إذاً؟ يمكننا النظر إلى المسار الذي يتبعه نص طلبك لـ ChatGPT في فضاء المزايا - ثم يمكننا أن نرى كيف يُكمل ChatGPT ذلك:

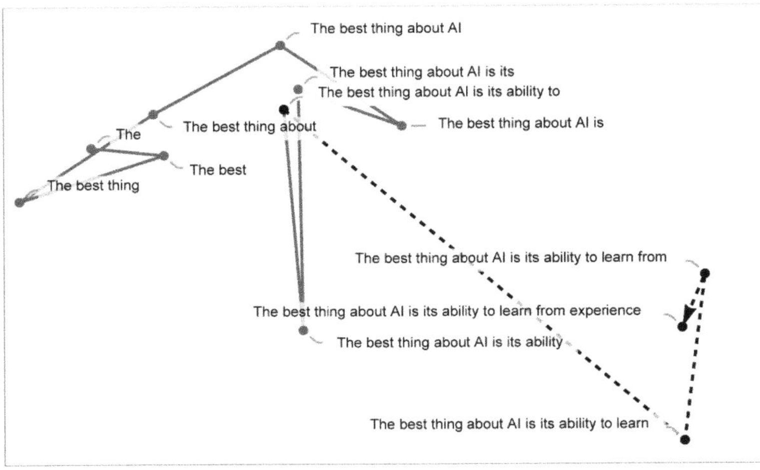

لا يوجد بالتأكيد قانون حركة "واضح هندسياً" هنا، وهذا ليس مفاجئاً أبداً، فنحن نتوقَّع تماماً أن تكون هذه القصة أكثر تعقيداً بكثير. ومثلاً، حتى لو كان هناك "قانون دلاليّ للحركة" يمكننا إيجاده، ليس من الواضح أبداً ما هو نوع التضمين (أو نوع "المتغيّرات" في الواقع) الذي سيتم ذكره فيه بشكل طبيعي.

إننا نُظهر في الصورة أعلاه عدة خطوات في "المسار" - حيث نختار في كل خطوة الكلمة التي يعتبرها ChatGPT الأكثر احتمالاً (حالة "الحرارة صفر") - لكن يمكننا أن نسأل أيضاً ما هي الكلمات التي يمكنها أن "تأتي بعد ذلك" وما هي احتمالاتها عند نقطة معيّنة:

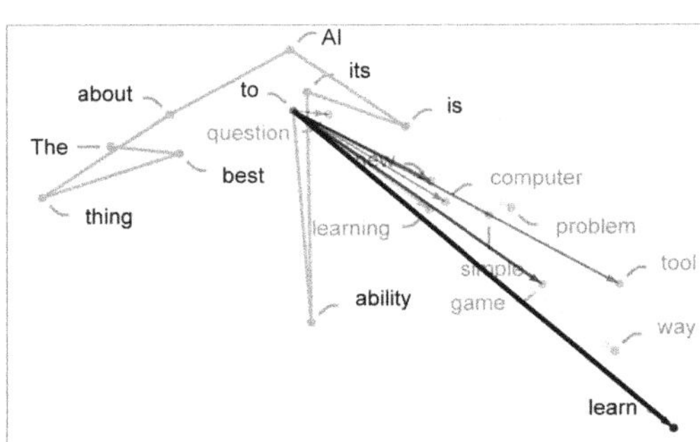

وما نراه في هذه الحالة هو أن هناك "مروحة" من الكلمات العالية الاحتمال التي يبدو أنها تسير في اتجاه أكثر أو أقل وضوحاً في فضاء المزايا. ماذا يحدث إذا ذهبنا إلى أبعد من ذلك؟ إليك "المراوح" المتتالية التي تظهر عندما "نسير على" المسار:

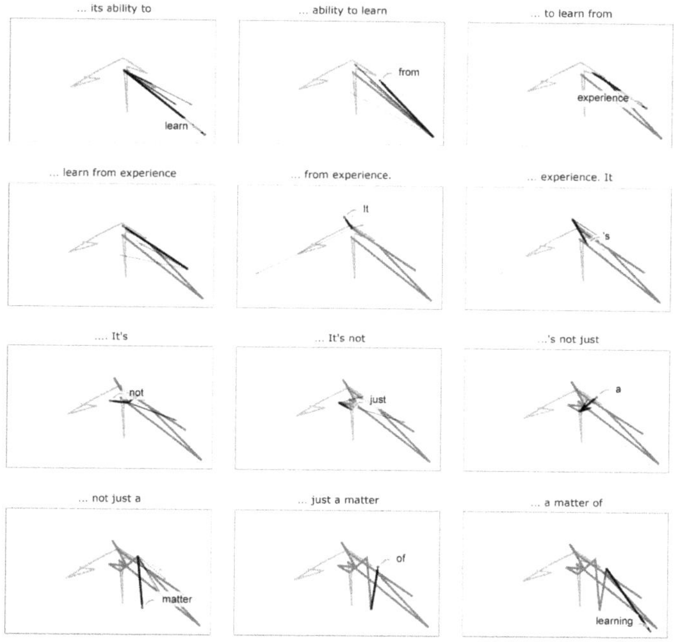

إليك تمثيلاً ثلاثي الأبعاد، بإجمالي 40 خطوة:

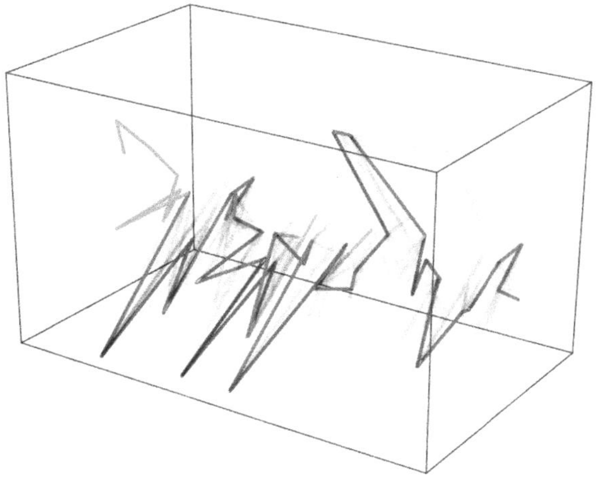

ونعم، هذا يبدو فوضوياً - ولا يفعل أي شيء خاص ليشجّع فكرة أنه يمكننا أن نتوقَّع تعريف "القوانين الدلاليّة للحركة المشابهة للفيزياء الرياضية" من خلال الدراسة التجريبية "لما يفعله ChatGPT في الداخل" - لكننا ربما ننظر فقط إلى "المتغيّرات الخطأ" (أو نظام الإحداثيات الخطأ)، وإذا نظرنا فقط إلى المتغيّرات الصحيحة (أو نظام الإحداثيات الصحيح)، سنرى فوراً أن ChatGPT يفعل شيئاً "بسيطاً من الفيزياء الرياضية" مثل اتباع الجيوديسيا. لكننا لسنا جاهزين اعتباراً من الآن أن "نُجري عملية فك تشفير تجريبية" لما "اكتشفه" ChatGPT من "سلوكه الداخلي" عن كيفية "تركيب" اللغة البشرية.

النحو الدلاليّ وقوة اللغة الحسابيّة

ما الذي يتطلّبه الأمر لإنتاج "لغة بشرية ذات معنى"؟ ربما افترضنا في الماضي أنه لا يمكن أن يكون أقل من دماغ بشري، لكننا نعرف الآن أن باستطاعة الشبكة العصبية لـ ChatGPT القيام بذلك بطريقة محترمة جداً، ومع ذلك فقد يكون هذا أقصى ما يمكننا تحقيقه، ولن يكون هناك شيءٌ أبسط - أو مفهومٌ بشرياً أكثر - من شأنه أن ينجح. لكن لديَّ شك قوي بأن نجاح ChatGPT يكشف ضمناً حقيقة "علمية" مهمة وهي أن اللغة البشرية ذات المعنى تنطوي في الواقع على بنية وبساطة أكثر بكثير مما كنا نعرفه في أي وقت مضى - وحتى أنه قد تكون هناك في النهاية قواعد بسيطة نوعاً ما تصف كيف يمكن تجميع هكذا لغة.

مثلما ذكرنا سابقاً فإن القواعد النحوية تحدِّد كيف أن الكلمات الموازية لأشياء مثل الأجزاء المختلفة من الكلام يمكن تجميعها معاً في لغةٍ بشريةٍ. لكن للتعامل مع المعنى، نحتاج إلى الذهاب أبعد من ذلك، وإحدى طرق تحقيق ذلك هي بالتفكير ليس فقط في القواعد النحوية للغة، بل في القواعد الدلاليّة أيضاً.

من زاوية التركيب النحوي، سنحدِّد أشياء مثل الأسماء والأفعال، لكن من زاوية عِلم دلالات الألفاظ، نحتاج إلى "تدرّجات أدق"، لذا فقد نحدِّد مثلاً مفهوم "التحرّك"، ومفهوم "كائنٍ يحافظ على هويته بشكل مستقل عن المكان". هناك أمثلة محدَّدة لا حصر لها لكل واحد من هذه "المفاهيم الدلاليّة"، لكن تماشياً مع أهداف قواعدنا الدلاليّة، سيكون لدينا نوع عام من القواعد التي تنصّ مبدئياً على أن "الكائنات" تستطيع أن "تتحرّك". هناك الكثير مما يمكن قوله عن كيفية عمل كل هذا (وقد قلتُ بعضه من قبل)، لكنني سأكتفي هنا ببعض الملاحظات التي تشير إلى قسم من المسار المحتمل للمضي قدماً.

من الجدير بالذكر أنه حتى لو كانت الجملة جيدة تماماً وفقاً للقواعد الدلاليّة فإن هذا لا يعني أنه تم إدراكها (أو حتى يمكن إدراكها) في الممارسة العملية. لا شك أن جملة "سافر الفيل إلى القمر" ستنجح "في امتحان" القواعد الدلاليّة، لكن لم يتم إدراكها بالطبع (حتى الآن على الأقل) في عالمنا الفعلي - رغم أنها مقبولة تماماً في

العالم الخرافي.

عندما نبدأ الحديث عن "القواعد الدلاليّة" فإننا سرعان ما نسأل "ماذا يوجد تحتها؟" وما هو "نموذج العالم" الذي تفترضه؟ تتمحور القواعد النحوية في الحقيقة حول بناء اللغة من كلمات فقط لا غير، لكن القواعد الدلاليّة تتعامل بالضرورة مع نوعٍ من "نماذج العالم" – وهذا شيءٌ يخدم كـ "هيكل عظمي" يمكننا أن نضع فوقه أي لغة مكوَّنة من كلمات فعلية.

ربما بقينا نتخيَّل حتى وقت قريب أن اللغة (البشرية) ستكون الطريقة العامة الوحيدة لوصف "نموذجنا للعالم"، وقد بدأت تتواجد منذ بضعة قرون صياغات لأنواع محدَّدة من الأشياء، لا سيّما على أساس الرياضيات، لكن يوجد الآن أسلوب أكثر عمومية بكثير للصياغة: اللغة الحسابيّة.

ونعم، لا يزال هذا هو مشروعي الكبير منذ أكثر من أربعة عقود (مثلما يتمظهر الآن في لغة وولفرام): تطوير تمثيل رمزي دقيق يمكنه التحدث على أوسع نطاق ممكن عن الأشياء في العالم، وكذلك عن الأشياء المجرَّدة التي نهتم بها. وبالتالي لدينا، مثلاً، تمثيلات رمزية للمدن والجزيئات والصور والشبكات العصبية، ولدينا معرفة مبيَّتة عن كيفية احتساب تلك الأشياء.

وقد استطعنا تغطية الكثير من المجالات بهذه الطريقة بعد عقود من العمل، لكننا لم نتعامل في الماضي مع "الأحاديث اليومية" بشكل خاص. يمكننا في جملة "اشتريتُ كيلوغراماً من التفاح" أن نمثّل بسهولة (ونحتسب القيمة الغذائية وحسابات أخرى لـ) "كيلوغرام التفاح"، لكن ليس لدينا (بعد) تمثيل رمزي لكلمة "اشتريتُ".

كل ذلك مرتبط بفكرة القواعد الدلاليّة – وهدف وجود "مجموعة بناء" رمزية عامة للمفاهيم ستعطينا القواعد لما يمكن أن يتناسب مع ماذا، وبالتالي "تدفّق" ما يمكن أن نحوّله إلى لغة بشرية.

لكن لنفترض أن لدينا "لغة الأحاديث الرمزية" هذه. ماذا سنفعل بها؟ يمكننا أن نبدأ بإنجاز أشياء مثل توليد "نص ذي معنى محلياً"، لكن من المحتمل أن نرغب في نهاية المطاف في الحصول على نتائج "ذات معنى عالمياً" أكثر – مما يعني "الحوسبة"

أكثر عما يمكنه أن يتواجد أو يحصل بالفعل في العالم (أو ربما في عالمٍ خرافيٍ متناغمٍ).

لدينا الآن في لغة وولفرام قدر هائل من المعرفة الحسابيّة المبيَّنة عن الكثير من أنواع الأشياء، لكن بالنسبة للغة أحاديث رمزية كاملة، علينا أن نبني "حساب تفاضل وتكامل" إضافي عن الأشياء العامة في العالم: إذا تحرّك كائنٌ من نقطة أ إلى نقطة ب ومن نقطة ب إلى نقطة ج، فسيكون قد تحرّك من نقطة أ إلى نقطة ج، الخ.

يمكننا أن نستخدم لغة الأحاديث الرمزية لإنشاء "جمل مستقلة"، لكن يمكننا أن نستخدمها أيضاً لطرح أسئلة عن العالم وفق "نمط وولفرام|ألفا"، أو يمكننا أن نستخدمها لذكر أشياء "نريد فعلها"، على الأرجح مع بعض آليات التحفيز الخارجية، أو يمكننا أن نستخدمها لإجراء تأكيدات - ربما عن العالم الفعلي، أو ربما عن عالمٍ محدَّدٍ نفكّر فيه، سواء كان خرافياً أو غير ذلك.

اللغة البشرية غير دقيقة في الأساس، لأسباب ليس أقلها أنها غير "مرتبطة" بأي وسيلة حسابيّة محدَّدة، ومعناها مفهوم مبدئياً فقط من خلال "عقد اجتماعي" بين مستخدميها، لكن اللغة الحسابيّة، بطبيعتها، لها دقة أساسية معيّنة - لأن ما تحدِّده يمكن دائماً "تنفيذه بشكل غير ملتبِس على الكمبيوتر". تستطيع اللغة البشرية أن تفلت من العواقب عادة ببعض الغموض (عندما نقول "كوكباً"، هل يشمل ذلك الكواكب الخارجية [خارج النظام الشمسي] أم لا، وما إلى ذلك؟)، لكن في اللغة الحسابيّة، علينا أن نكون دقيقين وواضحين بشأن كل التمييزات التي نُجريها.

غالباً ما يكون من المناسب الاستفادة من اللغة البشرية العادية في تأليف الأسماء في اللغة الحسابيّة، لكن معانيها في اللغة الحسابيّة دقيقة بالضرورة - وقد تغطي أو لا تغطي بعض الدلالات المعيّنة في الاستخدام النموذجي للغة البشرية.

كيف يجب أن نكتشف "عِلم الوجود" الأساسي الملائم للغة أحاديث رمزية عامة؟ حسناً، هذا ليس بالأمر السهل، وربما هذا هو السبب في أنه لم يتم إنجاز الكثير منذ البدايات البدائية التي قام بها أرسطو منذ أكثر من ألفي سنة، لكن من المفيد حقاً أننا نعرف اليوم الكثير عن كيفية التفكير بالعالم بطريقة حسابية (ولا يضرّ أن تكون لدينا "ماورائيات أساسية" من مشروع الفيزياء الخاص بنا وفكرة ruliad).

لكن ماذا يعني كل هذا في سياق ChatGPT؟ لقد أدى تدريب ChatGPT إلى تمكينه من "تجميع" كمية معيّنة (مثيرة للإعجاب إلى حد ما) لما يرقى إلى القواعد الدلاليّة، لكن نجاحه يعطينا سبباً للاعتقاد أنه سيكون قادراً على بناء شيء أكثر اكتمالاً على هيئة لغة حسابيّة. وخلافاً لما توصّلنا إليه حتى الآن حول الأجزاء الداخلية لـ ChatGPT، يمكننا أن نتوقّع تصميم اللغة الحسابيّة بحيث يسهل على البشر فهمها.

عندما نتحدث عن القواعد الدلاليّة، يمكننا تشبيهها بمنطق القياس المنطقي. أولاً، كان منطق القياس المنطقي في الأساس عبارة عن تشكيلة من قواعد الجمل معبَّر عنها بلغة بشرية، لكن (نعم، بعد ألفَي سنة) عندما تم تطوير المنطق الرسمي، يمكن الآن استخدام التركيبات الأساسية الأصلية لمنطق القياس المنطقي لبناء "أبراج رسمية" ضخمة تتضمن، مثلاً، تشغيل الدارات الكهربائية الرقمية العصرية، وهكذا يمكننا أن نتوقّع أن ذلك سيكون مع قواعد دلاليّة عامة أكثر قد تكون قادرة في البداية على التعامل فقط مع أنماط بسيطة معبَّر عنها كنص مثلاً، لكن بمجرد بناء هيكل لغتها الحسابيّة بأكمله، يمكننا أن نتوقّع أنه سيكون من الممكن استخدامها لبناء أبراج طويلة من "المنطق الدلاليّ المعمَّم"، وهذا سيتيح لنا العمل بطريقة دقيقة ورسمية مع كافة أصناف الأشياء التي لم تكن في متناولنا أبداً من قبل، إلا عند "مستوى الطابق الأرضي" من خلال اللغة البشرية بكل غموضها.

يمكننا تخيُّل بناء اللغة الحسابيّة - والقواعد الدلاليّة - على أنه يمثِّل نوعاً من الضغط المُطلَق في تمثيل الأشياء، لأنه يتيح لنا التحدث عن جوهر ما هو ممكن، من دون، مثلاً، التعامل مع كل "صيغ التعبير" الموجودة في اللغة البشرية العادية. ويمكننا أن ننظر إلى القوة العظيمة لـ ChatGPT على أنها شيء مشابه نوعاً ما: لأنه هو أيضاً إلى حد ما "حفرَ" وصولاً إلى النقطة التي يمكنه فيها "تجميع اللغة بطريقة ذات معنى دلاليّ" من دون القلق بشأن صيغ التعبير المختلفة المحتملة.

إذاً ماذا يحصل إذا طبّقنا ChatGPT على اللغة الحسابيّة المصدر؟ تستطيع اللغة الحسابيّة أن تصف ما هو ممكن، لكن الذي لا يزال من الممكن إضافته هو شعور

"بما هو شائع" - بناءً مثلاً على قراءة كل ذلك المحتوى المتوفر على الويب. لكن العمل عندها - في العمق - باستخدام اللغة الحسابيّة يعني أن شيئاً مثل ChatGPT لديه وصول مباشر وأساسي إلى ما يرقى إلى أدوات مُطلَقة للاستفادة من العمليات الحسابية التي يمكن أن تكون غير قابلة للاختزال، وهذا يجعله نظاماً لا يمكنه "توليد نص معقول" فحسب، بل يمكن توقُّع أنه قادر على أن يحقّق أي عمِل يمكن تحقيقه بشأن عما إذا كان ذلك النص يقدِّم بالفعل جملاً "صحيحة" عن العالم - أو أي شيء يُفترَض به أن يتحدث عنه.

إذاً... ماذا يفعل ChatGPT، ولماذا ينجح ذلك؟

المفهوم الأساسي لـ ChatGPT بسيط إلى حد ما، فهو يقضي بأن نبدأ من عيّنة ضخمة من النصوص المنشأة بشرياً والمأخوذة من الويب والكتب وغيرها، ثم ندرّب شبكةً عصبيةً لكي تولِّد نصوصاً "تشبهها"، وعلينا على وجه الخصوص أن نجعلها قادرةً على أن تبدأ من "نص الطلب" الذي يكتبه المستخدم، ثم تُكمل مع نص "يشبه ما تم تدريبها عليه".

لقد رأينا أن الشبكة العصبية الفعلية في ChatGPT تتكوَّن من عناصر بسيطة جداً - رغم أن عددها بالمليارات - وعملها الأساسي بسيط جداً أيضاً، حيث يتألف في الأساس من تمرير الإدخال المشتق من النص الذي تم توليده حتى الآن "لمرة واحدة من خلال عناصرها" (من دون أي تكرار، الخ) لكل كلمة جديدة (أو لكل جزء من كلمةٍ) تولِّدها.

لكن الشيء الباهر - وغير المتوقَّع - هو أن هذه العملية تستطيع أن تُنتج نصوصاً "تشبه" بنجاح ما هو موجود على الويب وفي الكتب وما إلى ذلك، وهي ليست لغة بشرية متماسكة فحسب، بل أيضاً "تقول أشياء تتبع نص الطلب"، مما يمكّنها من الاستفادة من المحتوى الذي "قرأته". غير أنها لا تقول دائماً أشياء "ذات معنى عالمي" (أو تتوافق مع العمليات الحسابية الصحيحة) - لأنها (من دون الوصول إلى "القدرات الحسابيّة الخارقة" لوولفرام|ألفا مثلاً) تقول فقط أشياء "تبدو صحيحة" بناءً على ما "بدت عليه" الأشياء في مواد تدريبها.

إن الهندسة الخاصة لـ ChatGPT جعلته مُقنعاً جداً، لكن ما يفعله في نهاية المطاف (على الأقل إلى أن يمكنه استخدام أدوات خارجية) هو "فقط" سحب "سلسلة متماسكة من النص" من "إحصائيات الحكمة التقليدية" التي تراكمت، لكن من المدهش كم تبدو النتائج شبيهة بنتائج البشر. ومثلما ناقشتُ من قبل، فإن هذا يشير إلى شيء مهم جداً علمياً على الأقل: أن بنية اللغة البشرية (وأنماط التفكير التي تقف وراءها) أبسط و"قانونية" أكثر مما كنا نظن، وقد اكتشف ChatGPT ذلك ضمنياً، لكن يمكننا أن نكشفه علنياً، بالقواعد الدلاليّة، واللغة الحسابيّة، وغيرها.

ما يفعله ChatGPT في توليد النصوص مثير للإعجاب جداً، وعادة ما تكون النتائج مشابهة كثيراً لما نُنتجه نحن البشر، فهل هذا يعني أن ChatGPT يعمل مثل الدماغ؟ لقد تم تصميم بنية شبكته العصبية الاصطناعية في نهاية المطاف استناداً إلى نموذج مثالي للدماغ، ويبدو من المحتمل جداً أنه عندما يولِّد البشر لغةً فإن العديد من جوانب ما يجري متشابهة كثيراً.

عندما تتعلق المسألة بالتدريب (أي، التعلُّم) فإن "الأجهزة" المختلفة للدماغ والكمبيوترات الحالية (وكذلك، ربما، بعض الأفكار الخوارزميّة غير المطوَّرة) تُجبر ChatGPT على استخدام استراتيجية قد تكون مختلفة عن استراتيجية الدماغ إلى حد ما (وفي بعض جوانبها أقل فعالية بكثير). وهناك شيء آخر أيضاً: خلافاً للعمليات الحسابية الخوارزميّة النموذجية، لا يحتوي ChatGPT داخلياً "على حلقات تكرارية" ولا "يعيد الاحتساب على البيانات"، وهذا يحدّ من قدرته الحسابيّة حتماً - حتى فيما يتعلق بالكمبيوترات الحالية، لكن بالتأكيد فيما يتعلق بالدماغ.

من غير الواضح كيفية "إصلاح ذلك" مع الحفاظ على القدرة على تدريب النظام بفعالية معقولة، لكن من المفترض أن فعل ذلك سيمكّن ChatGPT في المستقبل من أن يقوم بالمزيد من "الأشياء المشابهة للدماغ". بالطبع، هناك أشياء كثيرة لا تفعلها الأدمغة بشكل جيد - لا سيّما تلك التي تتضمن عمليات حسابية غير قابلة للاختزال - وبالنسبة لهذه، يتعيَّن على الأدمغة والأشياء مثل ChatGPT أن تبحث عن "أدوات خارجية" - مثل لغة وولفرام.

لكن من المشوِّق رؤية ما يستطيع ChatGPT أن يقوم به في الوقت الحاضر، وهو يشكِّل إلى حد ما مثالاً رائعاً عن الحقيقة العلمية الأساسية القائلة بأن أعداداً كبيرةً من العناصر الحسابيّة البسيطة تستطيع أن تفعل أشياء باهرة وغير متوقَّعة، لكنه يزوِّد أيضاً أفضل حافز حصلنا عليه على الأرجح طيلة ألفَي سنة لكي نفهم بشكل أفضل ما يمكن أن تكون عليه الشخصية والمبادئ الأساسية لتلك الميزة المركزية للظرف البشري ألا وهي اللغة البشرية وعمليات التفكير التي تقف خلفها.

شكراً

إنني أتابع تطوّر الشبكات العصبية منذ حوالي 43 سنة الآن، وقد تفاعلتُ خلال تلك الفترة مع العديد من الأشخاص بشأنها، من بينهم - بعضهم منذ مدة طويلة، وبعضهم مؤخراً، وبعضهم على امتداد عدة سنوات: جوليو أليساندريني، داريو أمودي، إتيانّ برنارد، تاليسين بينيون، سيباستيان بودنشتاين، غريغ بروكمان، جاك كوان، پيدرو دومينغوس، جيسي غاليف، روجر غيرموندسون، روبرت هَكت-نيلسن، جيوف هينتون، جون هوپفيلد، يان لاكُن، جيري لَتڤين، جيروم لورادور، مارڤن مينسكي، إيريك ميولسنس، كايدن پيرس، توماسو پوغيو، ماتيو سالڤاريزا، تيري سجناوسكي، أوليفر سَلفريدج، غوردون شو، جوناس سيوبرغ، إيليا سوتسكيڤر، جيري تيسارو، وتيموثي ڤيردير. ولمساعدتهما في هذا الكتاب، أودّ أن أشكر بشكل خاص جوليو أليساندريني وبْراد كْلي.

نُشر في 23 مارس 2023: **تكامل وولفرام مع ChatGPT**
»wolfr.am/ChatGPT-WolframIntegration

وولفرام|ألفا كالطريقة لإحضار القدرات الخارقة للمعرفة الحسابيّة إلى ChatGPT

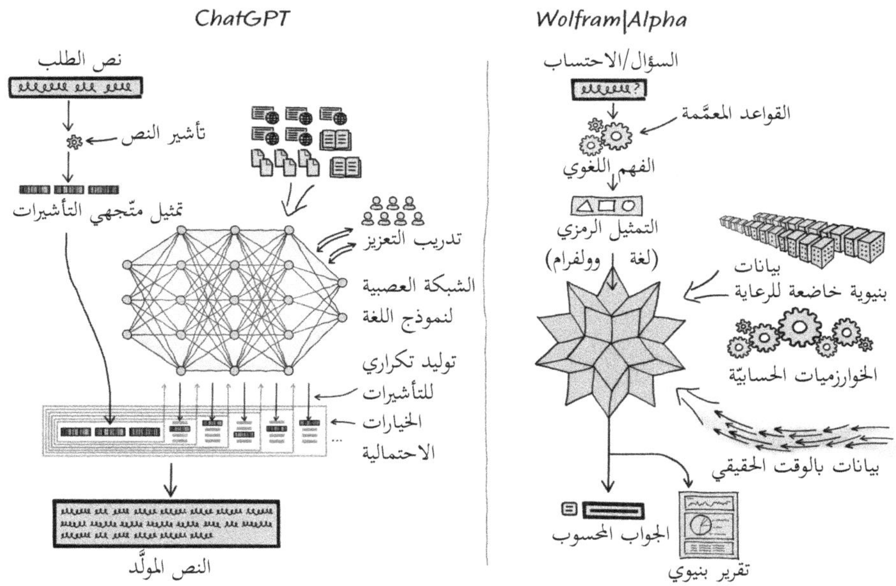

ChatGPT ووولفرام|ألفا

من المدهش دائماً عندما تجد أن الأشياء "تعمل فحسب" فجأة، وقد حصل هذا لنا مع وولفرام|ألفا سنة 2009، كما حصل مع مشروع الفيزياء الخاص بنا سنة 2020، وهو يحصل الآن مع ChatGPT من شركة OpenAI.

إنني أتعقَّب تكنولوجيا الشبكات العصبية منذ فترة طويلة (حوالي 43 سنة، في الواقع)، وحتى بعد مشاهدة التطوّرات التي حصلت في السنوات القليلة الماضية فإنني

أجد أداء ChatGPT باهراً جداً. أخيراً، وفجأة، أصبح لدينا نظامٌ يستطيع توليد نصوص ناجحة عن أي شيء تقريباً - وهذا مشابه جداً لما قد يكتبه البشر. العملية مثيرة للإعجاب ومفيدة، ومثلما سأناقش في مكان آخر، أعتقد أن نجاحها ربما يُخبِرنا بعض الأشياء الأساسية جداً عن طبيعة التفكير البشري.

لكن في حين أن ChatGPT يُعدّ إنجازاً باهراً في أتمتة عملية تنفيذ الأعمال البشرية الرئيسية، إلا أن ليس كل عمل مفيد القيام به يُعتبر "عملاً بشرياً"، بل إن بعض الأعمال رسميةٌ وبنيويةٌ أكثر. وبالفعل، كان أحد الإنجازات العظيمة لحضارتنا خلال القرون العديدة الماضية هو مراكمة أنماط الرياضيات، والعلوم الدقيقة - والأهم من ذلك، العمليات الحسابية الآن - وإنشاء صرحٍ من القدرات يختلف كثيراً عما يستطيع التفكير البشري الخالص تحقيقه.

لقد انخرطتُ بعمق في النمط الحسابيّ لعدة عقود، وذلك سعياً وراء تحقيق غاية فريدة من نوعها هي بناء لغة حسابيّة لتمثيل أكبر قدر ممكن من الأشياء في العالم بطرق رمزية رسمية. وكان هدفي خلال إنجاز ذلك هو بناء نظام يستطيع أن "يساعد حسابياً" - ويعزِّز - ما أريد أنا والآخرون القيام به. إنني أفكِّر في الأشياء كإنسانٍ، لكن يمكنني أيضاً أن أستعين فوراً بلغة وولفرام وولفرام|ألفا للاستفادة من "قدرةٍ حسابيّةٍ خارقةٍ" فريدةٍ ستتيح لي أن أفعل كافة أصناف الأشياء التي تفوق القدرة البشرية.

إنها طريقة عمل فعّالة جداً، والغاية منها القول إنها ليست مهمة لنا نحن البشر فحسب، بل هي مهمة بنفس القدر، إن لم يكن أكثر، لأجهزة الذكاء الاصطناعي الشبيهة بالبشر أيضاً - مما يعطيها فوراً ما يمكننا اعتباره قدرات خارقة للمعرفة الحسابيّة، وهذه تقوِّي الطاقة غير الشبيهة بالبشر للعمليات الحسابية البنيوية والمعرفة البنيوية.

لقد بدأنا للتو استكشاف ما يعنيه هذا لـ ChatGPT، لكن من الواضح أن الأشياء المدهشة ممكنة. إن وولفرام|ألفا يفعل شيئاً مختلفاً جداً عن ChatGPT، وبطريقة مختلفة جداً، لكن هناك واجهة مشتركة بينهما: اللغة الطبيعية. وهذا يعني أن

ChatGPT يستطيع أن "يتحدث مع" وولفرام|ألفا تماماً مثلما يفعل البشر - حيث يحوِّل وولفرام|ألفا اللغة الطبيعية التي يحصل عليها من ChatGPT إلى لغة حسابيّة رمزية دقيقة يمكنه أن يطبِّق عليها طاقة معرفته الحسابيّة.

لعقودٍ من الزمن، كان هناك انقسام في التفكير حول الذكاء الاصطناعي بين "الأساليب الإحصائية" من النوع الذي يستخدمه ChatGPT، وبين "الأساليب الرمزية" التي هي في الواقع نقطة الانطلاق لوولفرام|ألفا. لكن الآن - بفضل نجاح ChatGPT - وكذلك بفضل كل العمل الذي قمنا به في جعل وولفرام|ألفا يفهم اللغة الطبيعية - هناك أخيراً فرصة لدمج هذه الأشياء لإنشاء شيءٍ أقوى بكثير مما يمكن لأي منهما تحقيقه بمفرده.

مثال أساسي

يُعدّ ChatGPT في جوهره نظاماً لتوليد إخراج لغوي "يتبع نمط" ما يتواجد على الويب وفي الكتب والمواد الأخرى التي تم استخدامها في تدريبه، والملفت للنظر هو الشبه الكبير بين إخراجه وبين الإخراج البشري، ليس فقط على نطاق صغير، بل في المقالات الكاملة أيضاً. إن لديه أشياء متماسكة ليقولها، وهي تعتمد المفاهيم التي تعلَّمها، وذلك بطرق مثيرة للاهتمام وغير متوقَّعة في كثير من الأحيان، وبالتالي فإن ما يُنتِجه يكون "مُقنِعاً إحصائياً" دائماً، عند المستوى اللغوي على الأقل. لكن هذا - وهو أمر مثير للإعجاب في نهاية المطاف - لا يعني بالتأكيد أن كل الحقائق والعمليات الحسابية التي يسردها بثقة صحيحة بالضرورة.

إليك مثالاً لاحظتُه للتو (ونعم، لدى ChatGPT عشوائية مبيَّتة جوهرية، لذا إذا جرّبتَ هذا، فقد لا تحصل على نفس النتيجة):

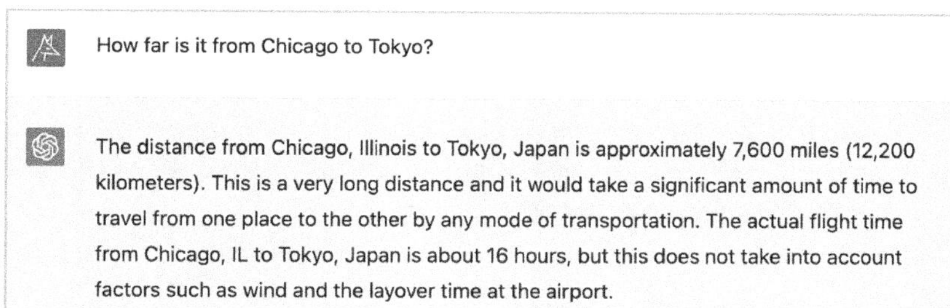

How far is it from Chicago to Tokyo?

The distance from Chicago, Illinois to Tokyo, Japan is approximately 7,600 miles (12,200 kilometers). This is a very long distance and it would take a significant amount of time to travel from one place to the other by any mode of transportation. The actual flight time from Chicago, IL to Tokyo, Japan is about 16 hours, but this does not take into account factors such as wind and the layover time at the airport.

يبدو مُقنِعاً جداً، لكن يتبيَّن أنه خطأ، مثلما يستطيع وولفرام | ألفا أن يُخبرنا:

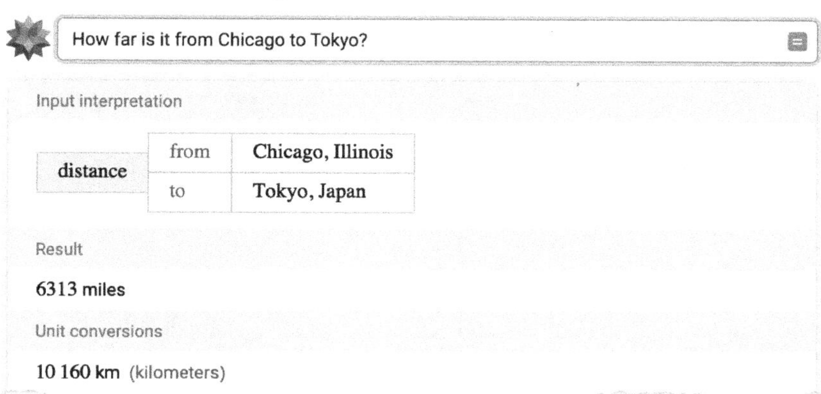

How far is it from Chicago to Tokyo?

Input interpretation

distance	from	Chicago, Illinois
	to	Tokyo, Japan

Result

6313 miles

Unit conversions

10 160 km (kilometers)

لكي نكون منصفين، هذا هو بالضبط نوع الأشياء التي يجيدها وولفرام|ألفا: شيء يمكن تحويله إلى عملية حسابية دقيقة يمكن تنفيذها على أساس معرفته البنيوية الخاضعة للرعاية.

لكن الجميل في الأمر هو أنه يمكننا تخيُّل وولفرام|ألفا يساعد ChatGPT تلقائياً في هذا الشأن، وبإمكاننا أن نسأل وولفرام|ألفا برمجياً (يمكنك أيضاً استخدام إحدى واجهات API الخاصة بالويب، الخ):

```
In[ ]:= WolframAlpha["what is the distance from Chicago to Tokyo", "SpokenResult"]
Out[ ]= The distance from the center of Chicago,
          Illinois to the center of Tokyo is about 6313 miles
```

لنطرح الآن السؤال مرة أخرى على ChatGPT، مع إلحاق هذه النتيجة:

How far is it from Chicago to Tokyo? The distance from the center of Chicago, Illinois to the center of Tokyo is about 6313 miles

Thank you for correcting me. You are correct that the distance from the center of Chicago, Illinois to the center of Tokyo, Japan is about 6313 miles (10160 kilometers). This distance can vary slightly depending on the specific location within each city that is being used as the starting and ending point.

How far is it from Chicago to Tokyo?

The distance from Chicago, Illinois to Tokyo, Japan is approximately 6313 miles (10160 kilometers). This is a very long distance and it would take a significant amount of time to travel from one place to the other by any mode of transportation. The actual flight time from Chicago, IL to Tokyo, Japan is about 16 hours, but this does not take into account factors such as wind and the layover time at the airport.

يتقبَّل ChatGPT التصحيح بتهذيب، وإذا طرحت عليه السؤال مرة أخرى، سيعطي الجواب الصحيح. من الواضح أنه يمكن أن تكون هناك طريقة مبسّطة أكثر للتعامل مع مسألة التخاطب ذهاباً وإياباً مع وولفرام|ألفا، لكن من الجيد رؤية أن حتى هذا الأسلوب البسيط جداً والذي يعتمد اللغة الطبيعية الصرفة يعمل من قبل.

لكن لماذا يُخطئ ChatGPT في هذا الشيء بالذات من الأصل؟ لو كان قد رأى المسافة المحدَّدة بين شيكاغو وطوكيو في مكان ما خلال تدريبه (من الويب مثلاً)، لاستطاع أن يُصيب في جوابه بالطبع، لكن هذه حالة لا يكفي فيها نوع التعميم الذي تستطيع الشبكة العصبية أن تقوم به بسهولة – لنقل من أمثلة عديدة عن المسافات بين المدن – هناك حاجة إلى خوارزمية حسابيّة فعلية.

إن الطريقة التي يتعامل بها وولفرام|ألفا مع الأمور مختلفة جداً، فهو يأخذ اللغة الطبيعية ثم يحوِّلها – بافتراض أن هذا ممكن – إلى لغة حسابيّة دقيقة (أي، لغة وولفرام)، في هذه الحالة:

```
In[ ]:= GeoDistance[ Chicago CITY , Tokyo CITY ]
Out[ ]= 6296.06 mi
```

وبالتالي تُعتبر إحداثيات المدن والخوارزميات لاحتساب المسافات بينها جزءاً من المعرفة الحسابيّة المبيَّتة في لغة وولفرام. ونعم، تمتلك لغة وولفرام قدراً هائلاً من المعرفة الحسابيّة المبيَّتة – نتيجة عقودٍ من العمل من جانبنا، حيث حرصنا على تقديم كمية هائلة من البيانات المحدَّثة باستمرار، وتطبيق (وفي أغلب الأحيان اختراع) طرق ونماذج وخوارزميات – وبناء لغة حسابيّة متماسكة لكل شيء بطريقة نظامية.

بعض الأمثلة الإضافية

يعمل ChatGPT ووولفرام | ألفا بطرق مختلفة جداً، ولديهما نقاط قوة مختلفة جداً، لكن من أجل فهم أين يستطيع ChatGPT استغلال نقاط قوة وولفرام | ألفا، دعنا نناقش بعض الحالات التي لا يفعل فيها ChatGPT الصواب من تلقاء نفسه، والمجال الذي يميل فيه ChatGPT – مثل البشر – إلى المعاناة غالباً هو الرياضيات.

What is 3 to the power 73?

3 to the power 73 is equal to 3^73, which is approximately 14,091,714,236.

To calculate an exponent, you can use the formula "base"^"exponent" = "result". For example, to calculate 3^73, you would plug in 3 for the base and 73 for the exponent to get 3^73 = approximately 14,091,714,236.

It is important to note that this result is just an estimate, as the actual value of 3^73 is very large and may not be accurately represented by most calculators or computers.

هذا جواب مثير للاهتمام بأسلوب يشبه المقالات، لكن النتيجة الفعلية خاطئة:

What is 3 to the power 73?

Input

3^{73}

Result

67 585 198 634 817 523 235 520 443 624 317 923

Scientific notation

$6.7585198634817523235520443624317923 \times 10^{34}$

Number names | Full name

67 decillion ...

67 million billion billion billion ...

لكن إذا "استشار" ChatGPT وولفرام|ألفا فسيكون قادراً بالطبع على تقديم الجواب الصحيح.

دعنا نجرّب شيئاً أكثر تعقيداً قليلاً:

circumference of an ellipse with half axes 3 and 12

The circumference of an ellipse can be approximated using the formula:

Circumference ≈ π * √((a^2 + b^2) / 2)

where a and b are the lengths of the semi-major and semi-minor axes of the ellipse, respectively. The semi-major axis is the longer of the two axes that pass through the center of the ellipse and divide it into two halves, and the semi-minor axis is the shorter of the two axes.

In an ellipse with semi-major axis 3 and semi-minor axis 12, the circumference would be:

Circumference ≈ π * √((3^2 + 12^2) / 2)
≈ approximately 27.3

The circumference of this ellipse is approximately 27.3.

It is important to note that this formula is an approximation, and the actual circumference of an ellipse can be calculated more accurately using more complex formulas.

تبدو هذه النتيجة رائعة للوهلة الأولى، وسأكون ميّالاً إلى تصديقها، لكن يتبيّن أنها خاطئة، مثلما يستطيع وولفرام|ألفا أن يُخبرنا:

circumference of an ellipse with half axes 3 and 12

Input interpretation

ellipse	semi-axis lengths **3** | **12**	**circumference**

Result

$$48\,E\left(\frac{15}{16}\right) \approx 51.4705$$

E(m) is the complete elliptic integral of the second kind with parameter m = k^2

ونعم، إنجاز الواجبات المدرسية في مادة الرياضيات مع ChatGPT (من دون أن يكون قادراً على استشارة وولفرام|ألفا) هي فكرة سيئة على الأرجح، فبإمكانه أن يعطيك جواباً مُقنِعاً جداً:

What is the integral of x^2 cos(2x)?

The integral of x^2 cos(2x) is a mathematical expression representing the area under the curve of the function y = x^2 cos(2x). It can be calculated using the following formula:

∫ x^2 cos(2x) dx = (1/4) x^3 sin(2x) - (1/8) x cos(2x) + C

where C is an arbitrary constant and ∫ represents the integral symbol.

The integral of a function represents the area under the curve of the function between two points. It can be calculated by finding the area of the region bounded by the curve, the x-axis, and the vertical lines representing the two points.

The formula for the integral of x^2 cos(2x) can be derived using integration techniques and rules. It is important to note that this formula is valid for certain ranges of x and may not give an accurate result for other values of x.

لكن من دون "فهم الرياضيات حقاً"، من المستحيل مبدئياً على ChatGPT أن يحصل على الجواب الصحيح بشكل موثوق. وفي حالتنا هنا، الجواب خطأ مرة أخرى:

What is the integral of x^2 cos(2x)

Indefinite integral

Step-by-step solution

$$\int x^2 \cos(2x)\, dx = \frac{1}{4}\left((2x^2 - 1)\sin(2x) + 2x\cos(2x)\right) + \text{constant}$$

Plots of the integral

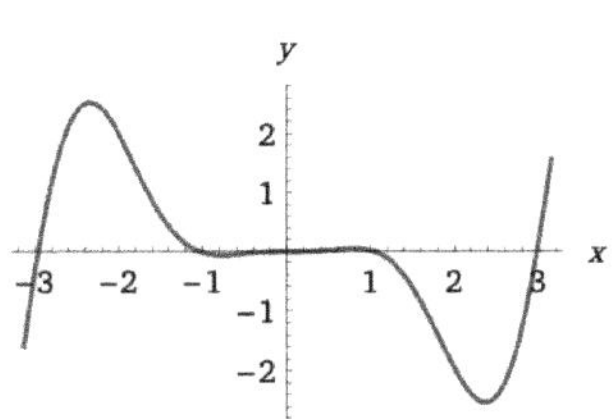

ومع ذلك يستطيع ChatGPT حتى أن يؤلّف شرحاً يبدو مُقنِعاً جداً عن "كيفية حصوله على الجواب" (هذا لا يعني بأي شكل من الأشكال أنه الطريقة الفعلية التي "فعل بها ذلك"). والملفت للنظر (والمثير للاهتمام) أن الشرح الذي يقدّمه يحتوي على أخطاء مشابهة جداً للأخطاء التي قد يرتكبها أيضاً إنسانٌ لا يفهم الرياضيات:

Show how you derived that

To derive the formula for the integral of x^2 cos(2x), you can use the following steps:

1. Begin by writing the function you want to find the integral of, in this case y = x^2 cos(2x).
2. Use integration techniques and rules to find the integral of the function. For example, you can use the following rules:

- The integral of a constant times a function is the constant times the integral of the function.
- The integral of x^n is (x^(n+1))/(n+1) + C, where C is a constant and n is a positive integer.
- The integral of sin(x) is -cos(x) + C, and the integral of cos(x) is sin(x) + C, where C is a constant.

3. Substitute the appropriate values into the formula and simplify to find the final result.

For example, to find the integral of x^2 cos(2x), you can use the following steps:

1. Begin with the function y = x^2 cos(2x).
2. Use the rule for the integral of x^n to find the integral of x^2. This gives us (x^3)/3 + C.
3. Use the rule for the integral of cos(x) to find the integral of cos(2x). This gives us (1/2) sin(2x) + C.
4. Multiply the results from steps 2 and 3 to find the integral of x^2 cos(2x). This gives us ((x^3)/3 + C) * ((1/2) sin(2x) + C) = (x^3)/6 sin(2x) + Cx^3 + C^2.
5. Simplify the result by

هناك حالات كثيرة يمكن أن يسبّب فيها "عدم فهم معنى الأشياء حقاً" بعض المتاعب:

> What's the second largest country in central america
>
> The second largest country in Central America (by land area) is Guatemala. Guatemala is located in the northern part of Central America, bordered by Mexico to the north and west, Belize and the Caribbean Sea to the east, and Honduras and El Salvador to the south. With a land area of approximately 108,889 square kilometers (42,042 square miles), Guatemala is slightly smaller than the largest country in Central America, which is Nicaragua.

هذا يبدو مُقنِعاً، لكنه غير صحيح:

What are the largest countries in Central America?

Assuming "largest" refers to total area | Use GDP or population instead
Assuming Central America | Use Central America with Mexico instead

Input interpretation

largest countries	by total area
	in Central America

Result More

1	Nicaragua	50 336 mi^2	
2	Honduras	43 278 mi^2	
3	Guatemala	42 042 mi^2	
4	Panama	29 120 mi^2	
5	Costa Rica	19 730 mi^2	

يبدو أن ChatGPT تعلَّم هذه البيانات المصدر بشكل صحيح في مكان ما – لكنه لا "يفهم ما تعنيه" بما يكفي ليكون قادراً على ترتيب الأرقام بشكل صحيح:

what are the largest countries in central america

The largest countries in Central America, ranked by land area, are:

1. Nicaragua - 130,370 square kilometers (50,193 square miles)
2. Guatemala - 108,889 square kilometers (42,042 square miles)
3. Honduras - 112,492 square kilometers (43,278 square miles)
4. El Salvador - 21,041 square kilometers (8,124 square miles)
5. Costa Rica - 51,100 square kilometers (19,656 square miles)
6. Panama - 78,200 square kilometers (30,193 square miles)

It's important to note that these figures represent the total land area of each country, including any islands that are part of the country. Some of the countries in Central America, such as Honduras and El Salvador, are relatively small in size, while others, such as Nicaragua and Guatemala, are larger.

ونعم، يمكننا أن نتخيّل إيجاد طريقة "لتصحيح هذا الخطأ بالذات"، لكن القصد هو أن الفكرة الأساسية لنظام ذكاءٍ اصطناعيٍ قائمٍ على لغة توليدية مثل ChatGPT غير ملائم فحسب للحالات التي يجب إجراء فيها أشياء حسابيّة بنيوية. بعبارة أخرى، سيتطلّب الأمر "تصحيح" عدد لا حصر له تقريباً من "الأخطاء" لإصلاح ما تستطيع حتى زاوية متناهية الصغر من وولفرام | ألفا إنجازه بطريقته البنيوية.

وكلما زاد تعقيد "السلسلة الحسابيّة"، كلما زاد احتمال أن تستعين بوولفرام | ألفا للحصول على الجواب الصحيح. هنا يُنتِج ChatGPT جواباً مرتبكاً إلى حد ما:

How big is Mercury, and are any planetary moons larger than it?

Mercury is the smallest planet in our solar system. It is only slightly larger than Earth's moon, with a diameter of about 3,032 miles (4,880 kilometers). No planetary moons in our solar system are larger than Mercury. The largest moons in the solar system are the four Galilean moons of Jupiter: Ganymede, Callisto, Io, and Europa. Ganymede is the largest of these, with a diameter of about 3,274 miles (5,268 kilometers), which makes it slightly larger than Mercury. However, these moons orbit around Jupiter, a planet that is much larger than Mercury.

ومثلما يُخبِرنا وولفرام | ألفا فإن استنتاجه غير صحيح (مثلما "يعرف" إلى حد ما):

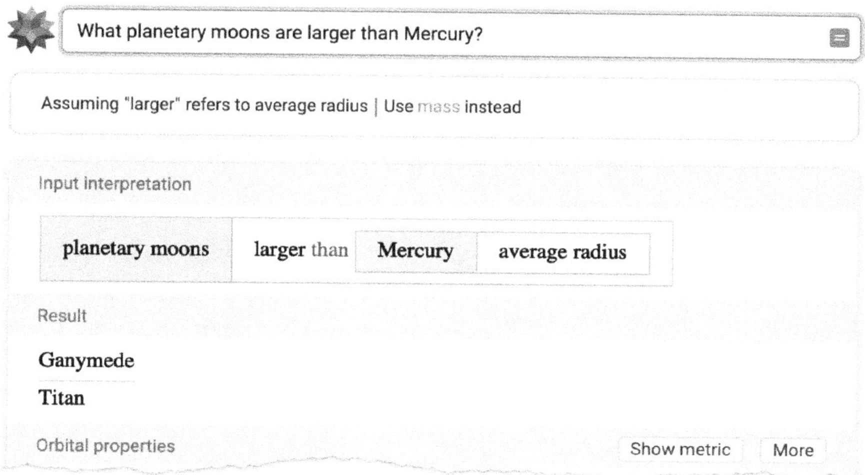

كلما تعلّق الأمر ببيانات محدَّدة (كميّة مثلاً) - حتى في شكلها الخام نوعاً ما - فغالباً ما يجب أن تميل الأمور إلى أن تكون نوعاً من "قصة وولفرام | ألفا". إليك مثالاً مستوحى من استعلام اختباريّ قديم مفضَّل لوولفرام | ألفا "كم عدد الديوك الرومية في تركيا؟" [يسمّى الديك الرومي بالإنكليزية turkey وهذه الكلمة تعني تركيا أيضاً]:

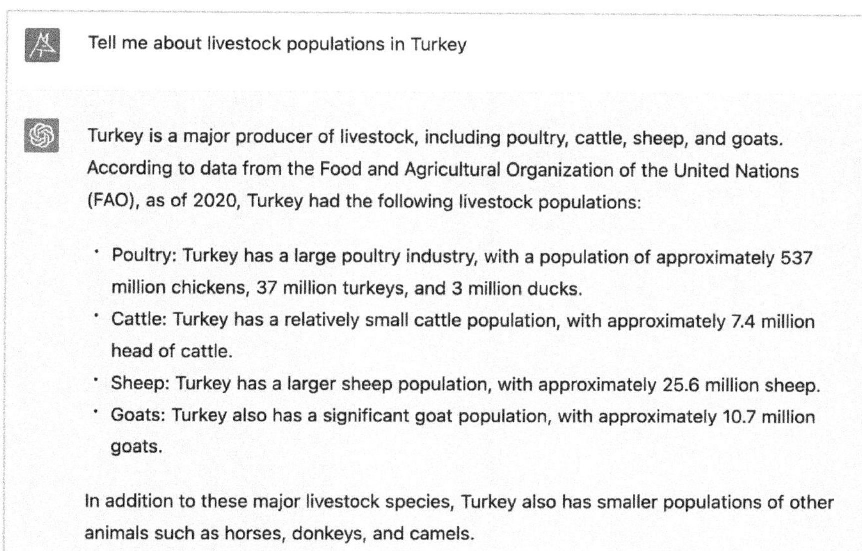

Tell me about livestock populations in Turkey

Turkey is a major producer of livestock, including poultry, cattle, sheep, and goats. According to data from the Food and Agricultural Organization of the United Nations (FAO), as of 2020, Turkey had the following livestock populations:

- Poultry: Turkey has a large poultry industry, with a population of approximately 537 million chickens, 37 million turkeys, and 3 million ducks.
- Cattle: Turkey has a relatively small cattle population, with approximately 7.4 million head of cattle.
- Sheep: Turkey has a larger sheep population, with approximately 25.6 million sheep.
- Goats: Turkey also has a significant goat population, with approximately 10.7 million goats.

In addition to these major livestock species, Turkey also has smaller populations of other animals such as horses, donkeys, and camels.

مرة أخرى، يبدو هذا مُقنِعاً تماماً (من الوهلة الأولى)، وحتى إنه يقتبس من مصدر ذي صلة، لكن يتبيَّن أن هذه البيانات "مختلقة" فحسب:

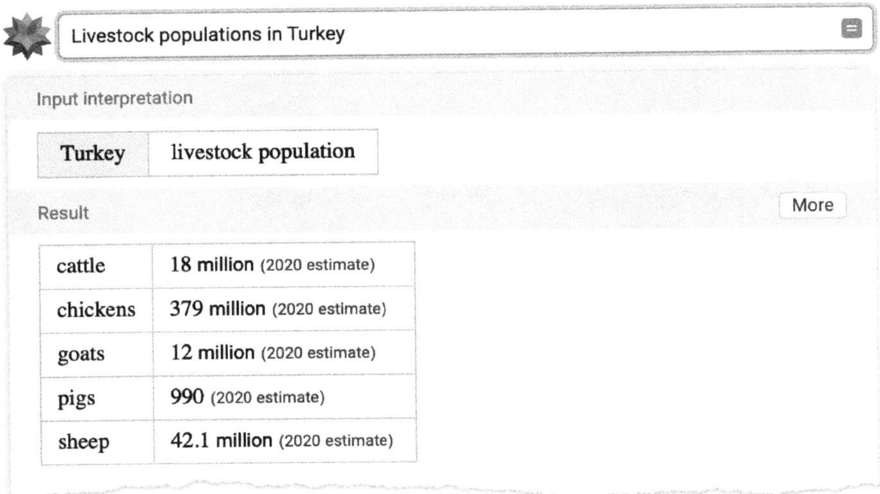

ومع ذلك فإن الشيء الجميل هو أنه يمكن بسهولة جعل ChatGPT "يسأل عن الحقائق للتحقّق منها":

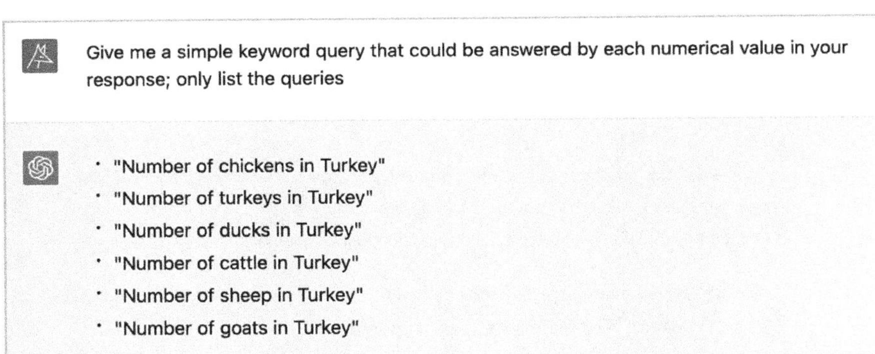

مرّر الآن هذه البيانات عبر واجهة API الخاصة بوولفرام | ألفا:

```
In[ ]:= WolframAlpha[#, "SpokenResult"] &/@
  {"Number of chickens in Turkey", "Number of turkeys in Turkey",
   "Number of ducks in Turkey", "Number of cattle in Turkey",
   "Number of sheep in Turkey", "Number of goats in Turkey"}

Out[ ]= {In 2020, Turkey had about 379 million chickens as livestock,
  In 2020, Turkey had about 4.8 million turkeys as livestock,
  In 2020, Turkey had 560000 ducks as livestock,
  In 2020, Turkey had about 18 million cattle as livestock,
  In 2020, Turkey had about 42.1 million sheep as livestock,
  In 2020, Turkey had about 12 million goats as livestock}
```

يمكننا الآن أن نطلب من ChatGPT إصلاح جوابه الأصلي، عن طريق ضخّ هذه البيانات (وحتى إظهارها بخط غامق حيث فعل ذلك):

Insert this corrected data into your original response, surrounding each modified value with "**":
{"In 2020, Turkey had about 379 million chickens as livestock", "In 2020, Turkey had about 4.8 million turkeys as livestock", "In 2020, Turkey had 560000 ducks as livestock", "In 2020, Turkey had about 18 million cattle as livestock", "In 2020, Turkey had about 42.1 million sheep as livestock", "In 2020, Turkey had about 12 million goats as livestock"}

Here is the corrected data inserted into my previous response, with the modified values surrounded by "**":

Turkey is a major producer of livestock, including poultry, cattle, sheep, and goats. According to data from the Food and Agricultural Organization of the United Nations (FAO), as of 2020, Turkey had the following livestock populations:

- Poultry: **In 2020, Turkey had about 379 million chickens as livestock** and **4.8 million turkeys as livestock**, as well as about **560000 ducks**.
- Cattle: **In 2020, Turkey had about 18 million head of cattle.**
- Sheep: **In 2020, Turkey had about 42.1 million sheep.**
- Goats: **In 2020, Turkey had about 12 million goats.**

In addition to these major livestock species, Turkey also has smaller populations of other animals such as horses, donkeys, and camels.

تُعدّ القدرة على "ضخّ الحقائق" أمراً رائعاً، بالأخص عندما يتعلق الأمر بأشياء تتضمن بيانات أو عمليات حسابية تعتمد على الوقت الحقيقي (أو على المكان وما إلى ذلك). لن يُجيب ChatGPT على هذا السؤال فوراً:

What planets can I see tonight?

I'm sorry, but I don't have any current information on what planets are visible in the sky tonight. In order to find out what planets are visible tonight, you'll need to use a planetarium app or website. These tools use your location and the current time to provide information on which planets are visible in the sky. Some popular planetarium apps and websites include Sky Guide, Star Walk, and Stellarium. Alternatively, you can check a printed sky map or ask an astronomer for information on what planets are visible from your location.

لكن إليك بعض الإخراج ذي الصلة من واجهة API الخاصة بوولفرام | ألفا:

```
In[ ]:= Values[WolframAlpha["What planets can I see tonight",
          {{"Input", "PropertyRanking:PlanetData"}, "Plaintext"}]]

Out[ ]= {planets | above the horizon | 10:00 pm, Mercury | Mercury is below the horizon
        Venus | Venus is below the horizon
        Mars | Mars is above the horizon
        Jupiter | Jupiter is above the horizon
        Saturn | Saturn is below the horizon
        Uranus | Uranus is above the horizon
        Neptune | Neptune is above the horizon}
```

وإذا أرسلنا هذا إلى ChatGPT، سيولّد نتيجة لطيفة "بأسلوب يشبه المقالات":

Revise your answer, incorporating this data:

{"planets | above the horizon | 10:00 pm",
"Mercury | Mercury is below the horizon
Venus | Venus is below the horizon
Mars | Mars is above the horizon
Jupiter | Jupiter is above the horizon
Saturn | Saturn is below the horizon

According to the information provided, at 10:00 PM, the planets that are above the horizon are Mars, Jupiter, Uranus, and Neptune. Mercury and Venus are below the horizon, and Saturn is also below the horizon. I should note that the visibility of planets can vary depending on your location and the time of year. I recommend using a planetarium app or website to get the most accurate and up-to-date information on which planets are visible from your location.

يكون هناك أحياناً تفاعلٌ مثيرٌ للاهتمام بين الحسابيّ والبشري. إليك سؤالاً غريباً طرحناه على وولفرام|ألفا (وحتى يتحقّق إن كنا نريد "آيس كريم قشدية" بدلاً من ذلك):

How many calories are there in a cubic light year of ice cream?

Assuming ice cream | Use soft-serve ice cream instead
Assuming any type of ice cream | Use ice cream, vanilla or more instead

Input interpretation

ice cream	amount	1 ly^3 (cubic light year)	total calories

Average result — Show details

1.4×10^{54} Cal (dietary Calories)

Unit conversions

5.8×10^{57} J (joules)

5.8×10^{64} ergs
(unit officially deprecated)

يرتبك ChatGPT قليلاً في البداية بشأن مفهوم الحجم:

> How many calories are in a cubic light year of ice cream?
>
> I'm sorry, but it is not possible to have a cubic light year of anything, let alone ice cream. A light year is a unit of distance, not volume, and is equal to approximately 5.88 trillion miles. It is a measure of the distance that light can travel in one year. Therefore, it is not possible to have a cubic light year of any substance, including ice cream.

لكن يبدو أنه "يُدرِك" بعد ذلك أن هذه الكمية الكبيرة من الآيس كريم أمر سخيف إلى حد ما:

> A cubic light year is an extremely large unit of volume. In fact, it is so large that it is not possible to fit any known substance, including ice cream, into a volume of this size.
>
> For reference, a light year is a unit of distance that is equal to the distance that light travels in one year. The distance that light travels in one year is approximately 5.88 trillion miles (9.46 trillion kilometers).
>
> Given the size of a light year, it is clear that a cubic light year is an impossibly large unit of volume. Therefore, it is not possible to calculate the number of calories in a cubic light year of ice cream, as there is simply no way to fit that much ice cream into a single volume.

الطريق إلى الأمام

يُعتبر التعلّم الآلي طريقة فعّالة، وقد حقّق بعض النجاحات الباهرة - أحدثها هو ChatGPT - خاصة خلال العقد الماضي، مثل التعرّف على الصور، وتحويل الكلام إلى نص، وترجمة اللغة. وفي كل حالة من هذه الحالات، وفي الكثير غيرها، تم تحقيق إنجاز باهر - وبشكل مفاجئ عادة - وقد تحوّلت بعض المهام من "مستحيلة مبدئياً" إلى "عملية مبدئياً".

لكن النتائج ليست "مثالية" أبداً في الأساس، فقد يعمل شيءٌ ما بشكل جيد في 95% من الأوقات، لكن الـ 5% الأخرى تبقى مراوغة وبعيدة المنال. قد نعتبر أن هذا فشلٌ، لكن النقطة الرئيسية هي أنه يوجد في أغلب الأحيان حالات استخدام مهمة تكون فيها تلك الـ 95% "كافية جداً". ربما يرجع السبب في ذلك إلى أن الإخراج هو شيء لا يوجد فيه "جواب صحيح" حقاً، أو ربما لأننا نحاول فقط إظهار احتمالات سيختار منها الإنسان - أو خوارزمية نظامية - أو يصقلها.

من الملفت للنظر تماماً أن شبكة عصبية قوامها بضع مئات مليارات البارامترات وتولِّد النص تأشيرةً تلو الأخرى تستطيع أن تفعل أنواع الأشياء التي يستطيع ChatGPT فعلها. وبناءً على هذا النجاح الدراماتيكي - وغير المتوقَّع - قد نظن أنه إذا "درّبنا شبكةً كبيرةً بما فيه الكفاية"، سنكون قادرين على فعل أي شيء بها، لكن الأمور لا تسير بهذه الطريقة، فالحقائق الأساسية عن العمليات الحسابية - لا سيّما مفهوم عدم إمكانية الاختزال الحسابيّ - توضِح أن ذلك غير ممكن في نهاية المطاف. لكن ما هو أكثر صلة هو ما رأيناه في التاريخ الفعلي للتعلّم الآلي، حيث سيتم تحقيق تقدّم باهر كبير (مثل ChatGPT)، ولن تتوقف التحسينات، لكن الأهم من ذلك بكثير هو أنه ستكون هناك حالات استخدام ناجحة بما يمكن القيام به، ولن يؤدي ما لا يمكن القيام به إلى إعاقتها.

ونعم، ستكون هناك حالات كثيرة يستطيع فيها "ChatGPT الخام" أن يساعد الأشخاص في كتاباتهم، أو يقدِّم اقتراحات لهم، أو يولِّد نصاً مفيداً لمختلف أنواع المستندات أو التفاعلات، لكن عندما تتعلق المسألة بإعداد أشياء يجب أن تكون

مثالية، فإن التعلّم الآلي ليس هو الطريقة للقيام بذلك - مثلما أن البشر ليسوا أيضاً الطريقة للقيام بذلك.

وهذا بالضبط ما رأيناه في الأمثلة أعلاه، فقد قام ChatGPT بعمل رائع في "الأجزاء البشرية" حيث لا يوجد "جواب صحيح" بالضبط، لكن عندما "يُوضع في مأزق" لشيء دقيق، سيفشل في أغلب الأحيان. لكن بيت القصيد هنا هو أن هناك طريقة رائعة لحل هذه المشكلة - من خلال ربط ChatGPT بوولفرام|ألفا وكل "القدرات الخارقة" لمعرفته الحسابيّة.

يتم تحويل كل شيء داخل وولفرام|ألفا إلى لغة حسابيّة، وإلى شيفرة لغة وولفرام دقيقة يجب أن تكون "مثالية" عند مستوى ما لكي تكون مفيدة بشكل موثوق، لكن النقطة الحاسمة هي أن ChatGPT ليس مضطراً إلى توليد هذا، بل يمكنه أن يُنتج لغته الطبيعية الاعتيادية، ثم يستطيع وولفرام|ألفا استخدام قدراته على فهم اللغة الطبيعية ليترجم تلك اللغة الطبيعية إلى لغة وولفرام دقيقة.

يمكننا أن نقول في نواحٍ عديدةٍ إن ChatGPT لا "يفهم" الأشياء أبداً، بل فقط "يعرف كيفية إنتاج أمور مفيدة"، لكن القصة مختلفة مع وولفرام|ألفا لأنه حالما يحوّل شيئاً إلى لغة وولفرام، فإن ما يحصل عليه هو تمثيل رسمي وكامل ودقيق يمكننا من خلاله احتساب الأمور بشكل موثوق. لا داعي للقول إن هناك أمور كثيرة "تلقى اهتمام البشر" لا نملك تمثيلات حسابيّة رسمية لها - لكن لا يزال بإمكاننا التحدّث عنها بلغة طبيعية، ولو كان ذلك بشكل غير دقيق. وبالنسبة لتلك الأمور، فإن ChatGPT سيكون لوحده، مع قدراته المؤثّرة للإعجاب كثيراً.

لكن تماماً مثلنا نحن البشر، هناك أوقات يحتاج فيها ChatGPT إلى "مساعدة" أكثر رسمية ودقة، لكن النقطة المهمة هي أنه ليس مضطراً إلى أن يكون "رسمياً ودقيقاً" في قول ما يريده، لأن وولفرام|ألفا يستطيع أن يتواصل معه بما يرقى إلى لغة ChatGPT الفطرية - اللغة الطبيعية - وسيهتمّ وولفرام|ألفا بـ "إضافة الشكليات والدقة" عندما يحوّل إلى لغته الفطرية - لغة وولفرام. هذا وضع جيد جداً أعتقد أن له إمكانيات عملية كبيرة.

وهذه الإمكانيات ليست فقط على مستوى روبوتات الدردشة أو تطبيقات توليد النص النموذجية، بل تمتد إلى أشياء مثل إنجاز علوم البيانات أو أشكال أخرى من العمل الحسابي (أو البرمجة)، وهذه طريقة مباشرة إلى حدّ ما للحصول على أفضل ما في العالمين: عالم ChatGPT الشبيه بالبشر، وعالم لغة وولفرام الدقيق حسابياً.

ماذا بشأن تعلّم ChatGPT لغة وولفرام مباشرةً؟ حسناً، نعم، يمكنه فعل ذلك، وقد بدأ به من قبل في الواقع، وأتوقَّع في النهاية أن شيئاً مثل ChatGPT سيكون قادراً تماماً على العمل مباشرة بلغة وولفرام، وسيكون فعّالاً جداً في ذلك. هذا موقف مثير للاهتمام وفريد، وقد أصبح ممكناً بفضل طبيعة لغة وولفرام كلغة حسابيّة كليّة يمكنها التحدّث على نطاق واسع عن الأشياء في العالم وفي أي مكان آخر بمصطلحات حسابيّة.

إن مفهوم لغة وولفرام بأكمله هو أن يأخذ الأشياء التي يفكِّر فيها البشر، ويكون قادراً على تمثيلها والعمل معها حسابياً. تهدف لغات البرمجة العادية إلى تزويد طرق لإخبار الكمبيوترات ماذا عليها أن تفعل بالتحديد، بينما تتمحور لغة وولفرام - في دورها كلغة حسابيّة كليّة - حول شيء أكبر من ذلك بكثير، فالمقصود منها في الواقع هو أن تكون لغة يستطيع بها البشر والكمبيوترات "التفكير حسابياً".

عندما تم اختراع التدوين الرياضي منذ عدة قرون، قدَّم لأول مرة وسيطاً مبسّطاً يمكن من خلاله "التفكير رياضياً" بالأشياء، وسرعان ما أوصلنا اختراعه إلى عِلم الجبر وعِلم التفاضل والتكامل، ثم إلى كل العلوم الرياضية المختلفة في نهاية المطاف. تهدف لغة وولفرام إلى فعل شيء مشابه للتفكير الحسابيّ، رغم أن ذلك الآن غير محصور بالبشر فقط - وإلى تمكين كل المجالات "الحسابيّة" التي يستطيع النمط الحسابيّ أن يكشف بها عن آفاق جديدة.

لقد استفدتُ شخصياً بشكل كبير من استخدام لغة وولفرام كـ "لغة للتفكير"، وكان رائعاً أن أرى على مدار العقود القليلة الماضية الكثير من التطوّرات التي حدثت نتيجة "تفكير الناس بمصطلحات حسابيّة" من خلال وسيط لغة وولفرام. ماذا بشأن ChatGPT إذاً؟ حسناً، يمكنه الدخول في هذا أيضاً. لستُ متأكداً بعد كيف

سيجري كل شيء، لكن الأمر لا يتعلق بتعلُّم ChatGPT كيفية تنفيذ العمليات الحسابية التي تعرف لغة وولفرام كيفية تنفيذها من قبل، بل يتمحور حول تعلُّم ChatGPT كيفية استخدام لغة وولفرام مثلما يفعل الناس، ويتمحور حول ابتكار ChatGPT نظير "المقالات الإبداعية"، لكن غير المكتوبة الآن بلغة طبيعية بل بلغة حسابيّة.

لقد ناقشتُ منذ فترة طويلة مفهوم المقالات الحسابيّة التي كتبها البشر - والتي تتواصل في مزيج من اللغة الطبيعية واللغة الحسابيّة - والمسألة الآن تتعلق بقدرة ChatGPT على كتابة مثلها - وقدرته على استخدام لغة وولفرام كوسيلة لتقديم "تواصل هادف ذي معنى" ليس فقط للبشر، بل للكمبيوترات أيضاً. ونعم، هناك حلقة تغذية مرتدة قد تكون مثيرة للاهتمام تتضمن التنفيذ الفعلي لشيفرة لغة وولفرام، لكن النقطة الحاسمة هي أن ثراء وتدفّق "الأفكار" التي تمثّلها شيفرة لغة وولفرام - على عكس لغة البرمجة العادية - هي شيء أقرب بكثير إلى نوع الأشياء التي استطاع ChatGPT "بشكل عجيب" من العمل معها بلغة طبيعية.

أو بعبارة أخرى، تُعتبر لغة وولفرام - مثل اللغة الطبيعية - شيئاً معبِّراً بدرجة كافية بحيث يمكننا أن نتخيّل استخدامها لكتابة "نص طلب" ذي معنى لـ ChatGPT. نعم، يمكن تنفيذ لغة وولفرام مباشرة على الكمبيوتر، لكن عندما تصبح نص طلب لـ ChatGPT، يمكن استخدامها "للتعبير عن فكرة" يمكن متابعة "قصتها". قد تصف بنيةً حسابيّةً ما، مما يترك ChatGPT لكي "يرتجل" بشأن ما يمكن أن نقوله حسابياً عن تلك البنية التي ستكون - وفقاً لما تعلَّمه من قراءة الأشياء الكثيرة التي كتبها البشر - "مثيرة لاهتمام البشر".

هناك احتمالات مشوِّقة من كافة الأصناف، وقد شُرّعت لها الأبواب فجأة بفضل النجاح غير المتوقَّع لـ ChatGPT، لكن يوجد في الوقت الحاضر الفرصة الفورية لمنح ChatGPT القدرات الخارقة للمعرفة الحسابيّة من خلال وولفرام|ألفا، بحيث لا يستطيع أن يُنتج "إخراجاً بشرياً مُقنِعاً" فحسب، بل إخراجاً يعزِّز كامل صرح العمليات الحسابية والمعرفة المتوفرتين في وولفرام|ألفا ولغة وولفرام.

موارد إضافية

What Is ChatGPT Doing... and Why Does It Work? ("ماذا يفعل ChatGPT...ولماذا ينجح ذلك؟")

نسخة إلكترونية إنكليزية عن هذا الكتاب على الانترنت مع شيفرة قابلة للتشغيل

wolfr.am/sw-ChatGPT

Machine Learning for Middle Schoolers (تأليف ستيفن وولفرام)

مقدمة قصيرة عن المفاهيم الأساسية للتعلّم الآلي

wolfr.am/ML-for-middle-schoolers

Introduction to Machine Learning (تأليف إتيانّ برنارد)

دليل بطول كتابٍ عن التعلّم الآلي الحديث مع شيفرة قابلة للتشغيل

نسخة ورقية: wolfr.am/IML-book نسخة إلكترونية: wolfr.am/IML

Wolfram Machine Learning

قدرات التعلّم الآلي في لغة وولفرام

wolfr.am/core-ML

Machine Learning at Wolfram U

حصص ومقرّرات تعليمية تفاعلية عن التعلّم الآلي على مستويات متنوعة

wolfr.am/ML-courses

How Should We Talk to AIs? (تأليف ستيفن وولفرام)

مقال قصير من عام 2015 عن التواصل مع أجهزة الذكاء الاصطناعي بلغة طبيعية وحسابيّة

wolfr.am/talk-AI

لغة وولفرام

wolfram.com/language

وولفرام | ألفا

wolframalpha.com

رابط الانترنت لكل الموارد:

wolfr.am/ChatGPT-resources